JN437282

도교의 기원

–道·道家·道教–

도교 I

도교의 기원

-道·道家·道教-

시간의 물레

머리말

무비판적 수용과 과학문명의 발달로 심하게 왜곡되어 우리에게 남아있지만, 도는 우리 삶의 근간이자 원칙이었다. 일제 강점기 일본인들의 행동이 도가 지나치다고 울분을 삭이며 말씀하시던 할머니의 정신세계에서도, 불의를 보면서 도리에 맞지 않는다며 조용히 자신의 주장을 펴던 할아버지의 의식세계에서도, 도는 변화하는 세상에서 우리를 붙잡아주던, 뭐라고 딱 꼬집어 말하기 힘든 원칙이었다.

도라는 용어는 세상의 문제를 고민하던 사람들에게 저 끝 모를 밑바닥에서 더 이상 가기 힘든 커다란 벽에 부딪쳤을 때 알지는 못하지만 무언가 있는, 그때 붙인 이름이기도 하다. 그러므로 그 쓰임은 형이상학적 혹은 고답적 담론에서부터 저자거리의 욕지거리 속에 이르기까지 우리의 일상을 종횡무진하며 존재해 왔다.

과거 우리는 도에 의존하고 도의 의미와 역할을 재창조해가며 살았다. 문학이면 문학, 의술이면 의술, 정치면 정치, 생활 곳곳에 그 흔적이 묻어나지 않고, 그 흔적이 새롭게 발전과 창조를 거듭하지 않았던 적이 없었다. 종교라고해서 예외일 수는 없었다. 비록 우리가 말하는 종교와 서양의 Religion이란 말은 그 함축적 의미에서 조금 다르기는 하지만, 도는 우리의 종교이자 철학인 도교와 도가 속에서 그 존재를 극명히 보여주었다. 도교는 도교라는 이름 자체에서도 간파할 수 있듯이, 도라는 것과 분리하여 생각하기 힘들다. 그래서 이번에 새로 책을 출간하면서 도와 도교, 그리고 이에 수반하는 이들의 문화를 정리해 보았다.

먼저 1권에서는 종교의 의미와 도교의 사상 연원에 대해서는 『道教文化概說』(于民雄, 貴州人民出版社, 1992)에 나온 글을 번역하여 설명했다. 그리고 도의 의미와 변천에 대해서는 『道』(張立文 主編, 中國人民大學出版社, 1996)에 나온 글을 번역했고, 끝으로 도교와 도가의 관계에 대해서는 『走近中國精神』(牟鍾鑒, 華文出版社, 1999)의 글을 번역하여 설명했다. 추후 이에 덧붙여 도교의 내적·외적 문화에 심도 있는 연구가 필요하다고 본다.

이 글이 나오기까지 도움을 주신 분들에게 깊고 깊은 감사의 인사를 드린다. 공부를 하면서 공부로 보답하겠다고 다짐했지만, 길은 멀고 마음과 몸은 게을러진다.

水急月不流! 물속에 비춰진 달이 되겠노라 다짐하지만, 급하게 변해가는 현실 속에 마냥 제 자리를 지키며 살 수도 없는 법, 하지만 변화 속에 변하지 않는 보편적 진리를 찾아가는 것이 철학적 탐구의 자세라 생각하면서, 다시 초발심을 되새기며 신발 끈을 동여맨다.

차례

제1장 종교 -사회문화현상

제2장 도교의 사상연원

차 례

차 례

老子

제1장 종교 - 사회문화현상

일종의 사회현상인 종교는 인류사회가 발전하면서 일정한 역사단계에 도달하여 얻은 산물이다. 종교는 인류문명의 시작과 더불어 시작했고, 인류문명의 발전과 더불어 발전했다. 그러므로 인류에게 결정적인 영향을 끼친 최초의 사회의식社會意識이 바로 종교의식宗教意識이라는 말은 과언이 아니다. 인류초기의 자연숭배, 토템숭배, 그리고 수많은 신화적 환상은 바로 이러한 것들의 실재적인 증거다.

인류문명사의 입장에서 볼 때, 사회의식으로서 종교의 영향이나 역할에 견줄 만한 것은 거의 없다. 1980년대에는 전 세계 인구 가운데 26억의 사람이 종교를 믿었는데, 그 수는 세계인구의 60%를 넘어선다. 또한 그 영향 역시 크고 지속적이어서 많은 사람을 놀라게 한다.

일반적으로 어떤 나라와 민족을 논할 때 그들의 종교와 종교사를 이해하지 못한다면, 그들의 문화, 사회풍속, 생활방식, 더 나아가 그들 자체를 알기 어렵다.

중국은 기독교적 색채가 짙은 서방국가나 이슬람 색채가 강한 아랍국가와 비교해서 상대적으로 종교적 색채가 옅었다. 그러나 종교는 중국에서 역사적으로 상당히 중요했고, 영향도 컸다. 중국의 전통문화는 유교, 도교, 불교문화에 기초한다. 그 가운데 도교와 불교문화는 종교에 속하지만, 유교문화를 종교로 보는 것에는 아직

도 의견이 분분하다.

임계유任繼愈 선생은 유가문화를 종교라고 보았다. 반면 어떤 학자는 유가문화는 종교가 아니라고 보았다. 만약 유가문화가 종교라면, 그것은 유교와 중국의 사회, 역사, 문화를 잘 이해하지 못한 소치다. 비록 유가사상이 지리멸렬하게 되었다 해도 결론은 마찬가지다. 왜냐하면 유교는 중국사회를 2천여 년 간 통치해오면서 중국의 문화와 사회생활 곳곳에 거대한 영향을 미쳤고, 비록 현재 유가사상의 세력이 약해졌다 해도 2천여 년 간 뿌리박힌 의식이 쉽게 없어지거나 변화되기 어렵기 때문이다.

이와 반대로, 유가문화가 종교가 아니라면, 우리는 도교와 불교를 이해할 수 없고, 같은 이치로 중국의 사회, 역사, 문화를 이해할 수 없다. 왜냐하면 도교와 불교의 사상이나 신앙은 중국의 사회, 문화, 생활방식, 습관, 언어, 개인 성향 등에 용해되어 강한 생명력을 지닌 채, 중국의 역사, 문화, 전통을 이루고 있기 때문이다. 이로 미루어, 역사적 지식이 조금이라도 있는 사람이라면 도교와 불교가 중국역사에 커다란 영향을 미쳤다는 것을 의심하지 않을 것이다.(어느 특정 시대에는 아주 결정적 영향을 미쳤다.)

1. '종교'- 그 다양한 의미들

'종교'는 영어로 'Religion'이다. Religion은 종교라는 뜻 외에도 다른 여러 의미가 있다. 이를테면 신성한 사물, 제사의 의식, 종교신앙 등이다. 영어 'Religion'의 라틴어 어원은 religio로서 신神을 경배한다는 뜻으로, 조상숭배, 신령숭배, 문물숭배 등의 종교의례에서의 규범적인 태도와 행위를 가리킨다. 또 다른 일설에 의하면 'Religion'의 라틴어 어원은 religare로서 '연결', '결합', '재 연결'의 뜻으로, 인간과 신, 신과 신 사이의 재결합을 가리킨다.

'종교'는 히브리어로 Dat로서 '명령'과 '법률'을 뜻하며, 고대 유태민족이 '신의 뜻'을 존중하고 믿는 것을 나타냈다.

'종교'는 인도의 범문梵文으로 dharma다. 한문의 '달마達磨'는 Dharma의 음역이고, 뜻은 '법法'이다. '법'은 불교에서 '불법佛法', '일체법一切法', '삼세제법三世諸法', '색법色法', '심법心法' 등으로 광범위하게 사용된다.

중국의 한자 어원 가운데 종교宗教의 종宗은 '면宀'과 '시示'로 구성되고, 신기神祇(옛말에 祇는 示이다)가 거주하시는 곳이란 의미가 내포되어 있다.[1] 고대엔 '종宗'이 명사로 쓰여 '조묘祖廟', '조상祖上', '종족宗族' 등의 다양한 뜻을 가졌다. '종'이 동사로 쓰이면, 조상이나 일월산천日月山川에 제사를 드린다는 의미다. '교教'의 원시적 함의는 '교화教化', '정교政教', '전수傳授', '교육教育' 등이다.

『중용中庸』에서는 "하늘이 명하신 것을 성이라 하고, 성을 따름을 도라 하고, 도를 마름질함(도 닦음)을 교라 한다天命之謂性 率性之謂道 修道之謂教" 하면서 '교'에 대하여 언급했다. 동시에 '교'는 신에 대한 믿음을 뜻한다. 예를 들어 『역경易經』에서는 "하늘의 신도를 보면 사시가 어긋나지 않고, 성인이 신도로 가르치면 천하가 따른다觀天之神道 而四時不忒 聖人以神道設教 而天下服矣"고 했다. 그 뒤 불교의 영향을 받아 '종교'라고 합쳐 부르게 되었는데, 여기서 종교는 신기神祇, 신도神道, 조상에 대한 믿음과 숭배를 가리킨다.

이상으로 고대 각 민족의 '종교'에 대한 다양한 관점과 그 의미를 살펴 보았다. 비록 여러 종교가 공통된 본질

---

1) 신기는 바로 천신지기天神地祇로서, 천신과 지기를 아울러 이른 말이다. 다시 말하여 하늘의 신령과 땅의 신령을 말한다.

을 지니고 있다 해도, 서로의 차이를 제거하기는 힘들다. 기독교는 이슬람교와 다르고, 불교는 도교와 다르다. 그리고 '종교'의 의미도 모든 민족이 일치하지 않는다. 그것은 바로 종교가 각 민족의 역사발전의 결과물이기 때문이다. 그러므로 우리는 각 민족의 역사문화에서 종교를 연구해야 한다.

2. 종교의 시작

종교는 일종의 사회역사 현상으로, 인류발전이 일정한 역사단계에 도달하여 나타나는 산물이다. 종교는 탄생부터 지금까지, 발전과 변천을 지속하면서 인간과 자연, 인간과 사회, 인간과 인간 및 인간의 실천 능력과 사유 수준간의 관계 속에서 많은 제약을 받아왔다. 따라서 종교가 자신의 발전 법칙, 상대적 독립성, 나아가 특정 시대와 사회에서의 결정적 영향력을 갖추었다 해도, 결국 종교는 결정되어지는 것이다.

종교는 인류역사의 출발에서부터 존재했을 가능성이 크다. 고고학적 발견에 근거하면, 원시종교는 대략 기원전 10만 년 전에서 1만 년 전의 구석기시대 말기와 석기시대 중기에 탄생했다.

1856년 독일 뒤셀도르프의 네안데르탈 강변 부근 동굴에서 약 10만 년 전의 네안데르탈인 유골이 발견됐다.

더불어 유골 주변에서 붉은색 돌조각과 여러 도구들로 보이는 수장품이 발견되었다. 이로부터 당시 원시인들은 종교관념이 있었고 나아가 생生과 사死를 매우 중시하였음을 알 수 있다. 20세기 들어, 중국 북경 주구점周口店에서는 약 3만 년 전 '산정동인山頂洞人'의 장례유물과 붉은색 금속가루와 죽은 이가 생전에 쓰던 것으로 보이는 장식물 등이 함께 발견되었다. 홍색가루와 수장품으로 미루어 '산정동인'이 종교신앙과, 원시종교와 관련된 습관과 상징을 가지고 있었다는 것을 알 수 있다.

위에서 말한 두 고고학적 발견 장소는 최근 발견된 종교 유적지 가운데 가장 오래된 것이다. 이로 미루어 볼 때, 종교관념은 인류와 함께 바로 생긴 것이 아니라, 인류가 발전함에 따라 점차적으로 시작되었고, 원시종교관념은 길게는 몇 백만 년 전, 짧게는 10만 년 전, 늦어도 1만 년 전에 출현했다고 말할 수 있다.

원시종교는 모든 원시인류와 원시민족에게 존재했다. 이러한 원시종교의 출현은 사회역사와 심리적인 것들에 그 근원을 둔다.

원시인들은 생산력이 매우 낮은 사회에서 생활했고, 그들이 생명을 유지하는 방법은 매우 단순했으며, 생산하는 것도 매우 한정되었다. 이것은 결국 그들의 낮은 사유능력에서 비롯된다. 이런 원시사회에서 그들은 자연에 의지해야 했다. 그들의 수렵과 채집, 그리고 생존유지활동은 모두 자연과 접하면서 이루어졌다. 그들은 자연계를 떠나서 생존자체가 불가능했기 때문에, 결국 그들의 모든 생산활동은 자연을 근거로 이루어졌다. 다른 측면으로 보자면, 자연의 통제와 제압을 받았던 원시인들은 대자연 앞에서 약하고 무력한 존재에 불과했다. 그들이 생활 속에서 얻은 경험과 지식은 자신들 앞에 놓인 자연현상의 다양한 변화를 이해하거나 분석할 만한 힘이 되지 못했다. 그들은 폭풍, 번개, 폭우 등 각종 자연재해의 위협에 직면했지만 속수무책일 수밖에 없었다. 여기서부터 그들 스스로의 무력감이 시작되었다고 볼 수 있다. 이에 그들은 자연에게 그들 자신을 맡겼고, 자연 상황의 변화에 따라 자연을 경외하거나 두려워하거나 혹은 신비롭게 보기 시작했다. 그들은 사물에 초자연적인 힘이 존재한다고 생각했다. 그리고 이러한 초자연적 역량이 그들의 삶과 운명을 주재한다고 생각했다. 그래서 원시인류는 자연물과 자연력을 숭배하고, 각종 자연현상을 인격화해 그것들을 따르고 숭배했다. 원시인들은 기도와 제사, 희생과 음악, 춤 등의 자연숭배의식을 통해, 신과 교통하고 신령의 보호를 받아, 궁극적으로는 이 땅에서 생활이 편안하게 될 것이라 믿었다.

어느 순간부터 원시인들은 자연물과 자연력을 인격화하면서 그들이 숭배하는 신령스러운 것들을 믿고 따르기 시작했다. 그 과정에서 각종 신령숭배의식이 나왔고, 마침내 종교도 탄생하게 되었다.

3. 종교의 본질

종교의 본질은 과연 무엇일까? 이에 대해 오래 전부터 많은 사상가, 종교학자, 신앙인, 무신론자들은 다양한 주장을 해왔지만, 아직까지 일치된 결론을 내리지 못했다.

일반적으로 서양의 종교인들은 종교를 인류 본성에 내재된 영원한 추구라고 보았다. 그리고 종교는 천부적인 것으로 시간과 역사의 발전과 사회상황에 제한을 받지 않는, 사람의 본질적인 신성神聖 체현體現이라 생각했다. 영국학자 브래들리(James Bradley)는 종교는 선善을 향한 인간의 추구로, 끊임없이 선을 추구하는 가운데 비로소 생명의 의의를 깨달을 수 있다고 생각했다.

독일의 철학자 칸트(Kant, Immanual)는 인류사회의 실천이성 영역 속에 '하느님의 존재', '영혼불멸', '자유 의지'를 설정해 놓아야 비로소 무한복지無限福地 지선至善왕국의 최종 실현을 보증할 수 있다고 생각했다. 바꿔 말하자면 종교신앙은 인류 최고의 신성관념이자 가치 있는 추구로, 영원한 정의와 선을 향한 인간들의 갈망이다. 마이클 정거슨[邁克增格森]은 인류가 우주만물과 조화를 추구하는 일종의 감정이 종교라고 보았다. 독일의 종교학자 맨싱(Men Sing)은 종교는 사람이 '신성진실神聖眞實'에 대한 깊은 체험과 반응이라고 보았다. 결론적으로 이들은 종교는 인생을 움직이는 힘이자 가치이고, 인류희망의 상징이며, 절대신성絕對神聖에 대한 믿음이자 추구라고 여겼다.

대부분의 서양사상가와 신학자들이 종교를 역사와 시간을 뛰어넘는 영원한 추구라고 생각한 반면, 마르크스(Marx, Karl)와 엥겔스(Engels, Friedrich)는 종교는 역사적이고 결정되어지는 것이며, 사회존재와 사회생활에 대한 인간들의 반영이라고 보았다. 마르크스와 엥겔스의 유물사관에서는 경제기초가 상부구조를 결정하고, 어떤 형태의 경제 기초가 있으면 바로 어떤 형태의 상부구조가 있다고 생각했다. 종교 역시 일종의 상부구조로서, 경제기초가 반영된 것이라고 보았다. 그러나 종교는 특수한 상부구조로서 종교의 경제기초에 대한 영향은 특수성을 지닌다. 즉 직접적인 것이 아닌 간접적인 것으로 굴절되어 경제기초에 반응한다.

엥겔스는 상부구조는 "매우 높아 물질 경제기초보다

멀리 벗어난” 곳에 머물고, 상부구조의 경제기초에 대한 영향의 중간 고리는 모호하고 불분명하다고 생각했다. 그러나 이 둘의 관계는 반영과 피반영의 관계로, 종교는 스스로 변화되는(이화異化) 형식을 취하여 경제기초를 반영한다.

소위 스스로 변화되는(이화異化) 형식은 바로 본질적으로 다른 사물(이물異物)을 인간 자신과 대립되는 것으로 보는 것이다. 마르크스와 엥겔스는 “종교 속에서 사람들은 자기의 경험세계를 사상이나 상상 속에 있는 본질적인 것으로 변형시키는데, 이 본질적인 것들은 어떠한 이물異物들과 사람들을 대립적으로 만든다.”[2)]

따라서 종교가 반영하는 세계는 순수한 관념의 산물이고, 종교가 만드는 세계는 실재 세계가 아니다. 그러나 이것이 반영하는 기초(자아이화自我異化)는 사회현실 속에 존재하고, 이것이 반영하는 대상은 허구화된 현실세계다.

서양의 사상가와 종교가가 종교에 대해 절대 긍정의 태도를 보인 반면, 마르크스와 엥겔스는 부정적인 태도를 보였다. 마르크스는 “종교는 아직도 자기를 얻지 못하였고, 게다가 자신의 인간적 자아의식과 자아감각을

---

2) 마르크스·엥겔스, 『독일의 의식형태』, 『마르크스·엥겔스 전집』 제1권, 170쪽.

상실했다"면서, "종교는 압박 받는 영혼들의 탄식이고, 정이 없는 세계의 감정이며……, 종교는 인민의 아편이다"[3]라고 역설했다.

엥겔스도 "모든 종교는 인간 일상생활을 지배하는 외부의 힘이 인간 두뇌에 환상으로 반영된 것에 불과하고, 이러한 반영 속에서 인간의 역량은 자신의 역량을 뛰어넘는 형식을 받아 들였다"[4]고 보았다.

이상으로 종교에 대한 두 가지 대립적 입장을 설명했다. 서양의 부르주아 사상가들은 유심론적 입장에서 종교를 찬미하면서 종교의 신앙은 인류의 희망을 대표한다고 말했고, 이를 진眞, 선善, 미美를 추구하는 일종의 자각으로 보았다. 마르크스와 엥겔스는 역사유물론의 관점으로 종교의 본질을 보면서 종교에 대해 비판적 태도를 취했다. 그리고 종교는 현실에서의 어려움과 고난의 표현이며, 사람이 현실에서의 이화異化와 이화의 환상을 벗어나려는 갈망이라고 보았다. 이러한 환상은 고통스런 현실에 대한 반항이고, 일종의 정신적인 의존, 자아 해탈, 자아 도피다. 그래서 그들은 종교는 인민의 아편이라고 주장한 것이다.

---

3) 마르크스, 『「헤겔 법철학비판」서론』, 『마르크스·엥겔스 선집』 제1권, 1~2쪽.

4) 엥겔스, 『반사회론』, 『마르크스·엥겔스 전집』, 제3권 354쪽.

4. 종교의 영향

상층구조를 이루는 종교는 출발부터 인류사회생활에 많은 영향을 미쳤는데, 그 영향과 작용의 정도는 역사와 민족에 따라 각기 다르므로 단정적으로 말할 수 없다. 이처럼 종교의 작용과 영향은 매우 복잡한 문제이기 때문에, 반드시 구체적이고 역사적인 분석을 해야 한다.

인류 초기 종교의 영향은 매우 컸다. 원시사회에서 가장 중요한 정신문화활동은 종교활동이었다. 종교활동은 모든 사회활동의 중심이다. 이것은 종교와 원시사회의 생활이 밀접하게 관련되어 있어, 종교가 원시생활의 모든 영역에 침투했기 때문이다. 광범위한 영향력을 가진 종교는 당시 원시인의 생각을 결정했다.

원시인은 신령神靈을 우주와 사회와 생활의 주재자로 보았다. 그리고 신의 의지는 원시인의 의식주와 행위 그리고 생사화복生死禍福 등의 모든 영역에 침투하여 그들을 지배한다고 보았다. 평안한 생활을 영위하는 것과 신령의 보호는 밀접한 관계를 갖는다. 신의 보호를 받기 위해서는 반드시 신을 경배하거나 숭배해야 했다. 이러한 이유로 신에 대한 경외, 숭배의 기도, 제사, 찬송 등의 종교의식이 자연스럽게 출현했다. 이에 종교의식을 주관하는 사람(사제) 역시 신을 대신해 신의 뜻을 말하는 사람이 되었고, 부락과 씨족의 최고 종교지도자가 되었다.

원시사회에서 신과 인간 사이의 관계는 통치자와 피통치자의 관계로, 인간의 모든 행위는 반드시 신의 의지에 부합되어야 했다. 그렇지 않으면 징벌을 당할 수 있었다. 사제는 신과 인간을 연결하는 중개자이면서 신의 의지를 대표하는 상징이었다. 또한 사제는 부락을 대표하여 그들의 바람을 신께 전하고, 원시부락의 생산, 생활, 질서 등을 관리했다. 그들은 종교지도자일 뿐만 아니라 정치지도자로서 두 가지 직능을 모두 집행했다. 이처럼 원시부락의 모든 사회활동은 사제의 지도 아래 실행됐다.

종교가 계급사회에 미친 영향과 작용은 비교적 복잡한데, 여기서는 되도록 간단하고 쉽게 서술하기로 하겠다.

계급사회에 진입한 중국에서는 일시적으로 천명天命이

나 귀신관념 등이 유행했다. 기원전 17세기말 상商나라는 하夏나라를 멸망시키고 노예제 사회인 상商 왕조를 세웠다. 통일 군주의 출현에 따라 은나라에는 천국과 인간, 사회와 자연을 주재하는 지고무상至高無上한 통일 신神('제帝' 혹은 '상제上帝')이 출현하였다. 이러한 종류의 통일 신은 노예주 계급이 자신의 통치를 공고히 하기 위해 전통적 종교신앙과 미신을 근거로 일부러 고안해 낸 것이다.

그들은 이것을 이용하여 자신의 정권을 신으로부터 받았다고 선전하고, 궁극적으로 자신의 통치를 신성화하고 합법화시키는 데에 이용했다. "상제께서는 아들을 세워 상나라를 건국했다帝立子生商"(『시경詩經·상송商頌·장발長發』)는 말이 있는데, 이것은 상의 통치자가 바로 '상제上帝'의 아들로서 그가 인간의 제왕이 된다는 것을 설명한다. 설사 이러한 주장이 터무니없다고 해도 우리는 이것을 통해 전통 신령관념의 권위를 살펴볼 수 있다. 즉 인간을 통치하기 위해서는 반드시 '상제'의 인가를 받아야 한다는 것이다.

주周나라 무왕武王은 상을 멸망시킨 뒤 주周 왕조를 세웠다. 주의 조정은 상의 노예주 귀족들이 하늘을 섬긴 것을 이어받아 귀신을 받들고 나아가 정권이 하늘로부터 내려왔다는 정권신수正權神授의 종교관념을 만들었다. 그들은 '천명天命'이라는 말을 이용하여 그들의 통치에 합리성을 부여했다. 그러나 당시에 '천天', '명命', '신神', '귀鬼'의 관념들은 서서히 쇠퇴하기 시작했다. 주공周公의 '덕으로 하늘과 짝한다以德配天', '덕을 공경하고 백성을 보호한다敬德保民'는 사상은 비록 신령과 천명숭배의 흔적을 간직하고 있었지만, 과거와 달리 '천명'의 종교적인 절대적 권위는 점차 변화되고 있었다.

춘추전국시대에는 종교 관념이 크게 약화되어, 무술巫術, 신선술神仙術, 방술方術 등이 유행했지만 대부분의 제자백가들은 종교와는 다른 길을 걸으면서 세속에 깊은 관심을 가졌다. 유가문화의 핵심은 말할 것도 없이 '예禮'와 '인仁'이다. 여기에는 종교적인 색채가 거의 없다. 도가道家와 법가法家도 이와 같다. 비록 한漢 무제武帝 때에도 '임금의 권위는 신에서 받은 것'이라는 군권신수君權神授가 유행했지만, 봉건정권은 종교를 완전히 자신의 통치 영역에 둘 수 없었다. 또한 서한西漢 말에서 동한東漢 때까지, 참위미신讖緯迷信 사상이 어느 정도 성행하기는 했지만, 실제적으로 사회생활에서는 주도적 역할을 하지 못했다.

중국에 들어온 불교는 시간의 변화에 따라 그 영향이 끊임없이 확대됐다. 남조南朝의 양무제梁武帝는 불교를 숭배하여 친히 믿었고, 마침내 불교를 국교로 함과 동시에 세 번이나 불문佛門에 귀의했다.

양무제의 불교 숭배에 힘입어, 당시에 불교는 매우 번창했다. 예를 들어 한 도시에 사원이 500여 곳, 승려가 10여만 명에 달했다. 북조北朝는 북제北齊 시기에 이르러 한 곳의 불교사원이 400여 곳이 되었고, 전체적으로는 40,000여 곳이나 되었다. 남북조南北朝 시기에 불교사원은 다량의 토지와 노동력을 점유한 가운데 봉건제도의 경제기초를 좌우했다. 당시 불교는 정치에 참여하면서, 경제와 문화 등의 생활영역에서 홀시할 수 없는 영향을 미쳤다.

불교는 수당隋唐 시기에 더욱 번창했다. 이씨 당 왕조는 도교를 추켜올려 주면서 한편으로는 불교에 힘을 실어주었다. 일찍이 당唐 고조高祖 이연李淵은 수나라에 대항하여 군사를 일으키면서 불교에 도움을 청했다. 그 때 그는 황제가 되면 불법을 널리 펼치겠다고 했다. 그리고 무측천武則天은 건실한 불교도로서 불교를 극진히 받들었다. 그녀는 일찍이 화엄종華嚴宗의 창시자 법장法藏에게 설법을 요청한 적이 있었는데, 설법을 들은 후 "확연히 깨달았다"고 말했다. 구시원년久視元年(700년)에 무측천은 당시 사회적으로 존경을 받고 있던 신수神秀를 서경西에 오도록 청했다. 신수가 서경에 도착했을 때 무측천과 중종中宗, 예종睿宗 모두는 무릎을 꿇고 그를 영접했다. 신수는 서경에 6년 동안 머물면서 '서경법왕西京法王', '삼제국사三帝國師'가 되었다. 706년에 신수가 죽자 장안長安성의 많은 사람들은 목 놓아 곡을 하였고, 많은 승려와 일반인들이 그의 장례에 참석했다. 이로 미루어 그의 이름이 유명하고, 인격이 훌륭했음을 알 수 있다.

안사安史의 난 때, 당 왕조는 안록산安祿山을 진압할 군대를 조직하기 위해 급히 돈을 마련해야 했다. 이 때 신회神會 스님이 낙양洛陽에 있었는데, 그는 스스로 국가를 위한 기금 마련에 앞장섰다. 신회는 덕망이 높아, 여러 사람으로부터 존경을 받는 인물이었다. 그는 관청에서 승려에게 부여하는 출가증명서인 도첩을 발행하는 방식을 이용하여 기금을 모았다. 선남선녀 모두는 주머니를 털었고, 결과는 크게 성공하여 많은 양의 자금을 모았다. 결국 그 덕분에 당 왕조는 전란을 무사히 잘 극복할 수 있었다. 당 왕조 시기에 불교는 정치적으로 일정한 세력을 갖추었을 뿐만 아니라 아니라, 황제로부터 신하에 이르기까지 많은 사람들이 불교를 믿고 받들었다. 어떤 승려는 왕실로부터 '국사國師'로 봉해졌고, 어떤 승려는 높은 위치의 정치 관료가 되었으며, 경제적으로도 큰 세력을 갖게 되었다.

『구당서舊唐書』의 기록에 의하면 당 왕조의 사원경제는 매우 발달했는데, 당시 "천하를 10으로 분할할 때 7내지 8을 불교가 차지했다"고 한다. 이로 미루어 볼 때 불교는 당시 봉건경제 기초에 매우 커다란 영향을 미쳤음을 알 수 있다.

반면 대문호 한유韓愈는 불교의 수행에 대하여 통탄을 표시했다. 일찍이 그는 스스로 유학 옹호자임을 자처하여, 유가의 '도통道通'으로 불교와 도교에 대항하려 했다. 그는 유가의 인의도덕仁義道德을 사회의 정신적 지주로 삼았고, 불교와 도교를 이단으로 보았다. 그는 사람들이 불교를 믿고 숭배하면 그 결과 국가와 가정이 망할 뿐 아니라, 몸이 병들고 명예는 떨어져 유가의 윤리강령이 소멸하게 될 것이라고 주장했다. 따라서 '네가 죽고 내가 사는' 투쟁을 불교와 해야 한다고 주장했다. 그는 일찍이 당헌종唐憲宗에게 글을 올려 '불사리佛骨'를 제거할 것을 간청했는데, 그는 이 때문에 도리어 목숨을 잃을 뻔했다. 위에 기술한 몇 가지 사례를 통해 알 수 있듯이 남북조에서 수당 말기까지의 불교는 중국의 정치, 경제, 사상에 매우 많은 영향을 끼쳤다.

종교가 중국 봉건사회의 정치와 경제에 미친 영향과 서양의 정치와 경제에 미친 영향을 비교해 보는 것은 매우 흥미로운 일이다. 서기 4세기 무렵 서양에서는 기독교가 로마제국의 국교가 되었다.

기독교는 서양의 역사, 정치, 경제, 문화, 풍속 등의 영역에 그들의 자취를 남겼을 뿐만 아니라 많은 영향을 끼쳤다. 결국 서양의 사회생활 구석구석까지 기독교를 깊숙이 침투시켜, 일약 서양문화의 대명사로 만들어 놓았다.

기독교는 하느님이 세계를 창조하고 주재했다면서, 하느님을 신앙의 대상으로 삼았다. 기독교는 인류의 시조 아담과 이브가 죄를 범하여 에덴동산에서 쫓겨났고, 이때부터 우리 인류가 고통과 어려움을 겪게 되었다고 생각한다. 그러므로 하느님과 그의 아들 예수를 믿고, 끊임없이 속죄하면 마침내 구원을 얻게 된다고 생각했다.

기독교는 서기 1세기 무렵 팔레스타인 지방에서 예수에 의해 시작되었다. 객관적인 역사 배경으로 보면, 이것은 유태민족이 정치, 경제, 군사적 측면에서 로마제국의 압박에 항거할 힘이 없는 상황에서, 민족적 평등과 국가의 회복을 갈망하고 구원을 얻으려는 염원이 그들의 종교신앙에 나타난 것이다.

기독교가 처음 만들어졌을 때, 기독교는 유태교의 한 종파에 지나지 않았고, 차츰 차츰 유태교와 분리되면서 완전한 하나의 종교로서 자리 잡게 되었다.

2세기 초의 기독교는 그 세력이 커져서, 이미 지중해 중앙과 다른 여러 곳에 전파되었다. 그 이후에도 로마제국의 기독교 정책에 대한 변화와 기독교 지도자들의 노력에 따라 기독교를 믿는 사람이 갈수록 많아졌다. 그 가운데 적지 않은 지식인과 사회 유명인사가 포함되었다. 2세기에서 3세기에 걸쳐 기독교는 이미 로마제국에 널리 전파되었다.

4세기 무렵 기독교는 이미 그들의 일거수일투족이 사회에 커다란 영향을 미칠 정도로 세력이 커졌고, 그 영향도 꽤 넓어졌다. 392년 데오도사우스 1세는 기독교를 정식으로 로마제국의 국교로 인정했다. 이로부터 기독교는 기본적인 변화가 어느 정도 마무리되고 서양의 정치, 경제, 문화와 세속의 생활에 고루 영향을 미치게 되었다.

중세 유럽에서는 수도자의 손에서 교육이 이루어졌다. 당시 기독교 교회는 봉건사회의 정신적 지주였고,

신학은 최고의 권위를 지녔다. 그러나 기독교 신학에 반대되는 이론, 의식, 사고는 모두 탄압을 받았다.

철학(이성에 호소하고 '참眞'을 추구하는 학문)도 하느님의 존재 안에서나 가능했다. 그래서 당시의 철학은 하느님의 전지전능을 증명하는 도구일 뿐이었다. 법률은 권위를 잃었고 최고의 지위는 오직 기독교 『성경』에 있었다. 『성경』은 법 중의 법이었다. 법률은 반드시 『성경』에서 말한 것을 따라야 했고, 『성경』과 저촉되어서는 아니 되었다. 과학 역시 종교신앙이 규정한 한계를 초월할 수 없었다. 교육은 철두철미한 종교 설교로서 '하느님이 세상을 창조하심'과 '삼위일체三位一體', '속죄하면 구원을 얻음' 등 일종의 신학 이론을 선전하고 교육했다. 요컨대 철학, 법학, 과학, 정치 등은 신학의 노예로서 독립적 존재의 가치를 가지지 못한 채, 종교신학의 통치에 종사했다.

봉건 유럽사회에서 정치적 권위를 가진 기독교는 중국 역사상 어느 종교세력에서도 찾아볼 수 없는 막강한 힘을 지녔다. 중국 역사에서 종교세력은 그 규모에도 불구하고 황제의 권위와 대등한 위치까지 이르지는 못했다.

사실 도교든 불교든 중국 종교의 흥망성쇠는 늘 세속 통치 계급의 요구에 따라 결정되었다. 즉 왕권이 신권보다 높았다. 종교는 단지 봉건적인 권위와 등급질서를 손상시키지 않는 한계 내에서 생존과 발전이 가능했다. 그러나 서양에서의 신의 권위는 왕권과 대등한 위치를 넘어, 심지어 왕권을 압도하기까지 했다. 실제로 중세기 무렵의 봉건세력과 교회 사이에 있었던 상황이 가장 전형적인 경우다. 11세기에서 13세기말은 신권神權이 군권君權 위에 있었고, 교황이 군주보다 높은 지위를 가지고 있었다. 당시는 교회세력의 정치적 전성기였다. 11세기 말 독일의 황제 헨리 4세와 로마 교황 그레고리 7세의 일은 결과적으로 헨리 4세가 스스로 죄를 인정하고, 아울러 교황에게 넓은 용서를 빌면서 끝났다.

그 후 200년 간 군권君權과 신권神權의 싸움이 끊이지 않았지만, 교황은 군주 위에 군림함으로써 황제의 황제가 되었다. 급기야 13세기말에 이르러 교황의 권위는 절정에 이르게 되었고, 당시 군주들은 교황의 명령을 듣지 않을 수 없게 되었다.

중세 유럽에서 기독교의 위상이 높았다는 것은 '종교전쟁'에서 여실히 드러난다. 200여 년 간 지속된 '십자군전쟁'은 로마교회가 '성전聖戰'이라는 명분으로 유럽 전역을 선동해서 일어난 것이다. 11세기 말 교황 우르반 2세는 기독교의 영향과 로마교회의 세력을 넓힐 목적으로 프랑스 끌레망에서 기독교의 성지인 예루살렘의 회복을 호소했다.

그는 이 선언에서 기독교 국가들이 '성전聖戰'과 '기독교 보호'에 공동 참여하도록 호소했다. 이에 '성전'의 참여는 크리스천으로서 거절할 수 없는 신성한 일이 되었다. 성전을 위해 싸우다 죽으면 영혼이 구원을 얻어, 천당에 갈 수 있다고 선전했다. 교황 우르반 2세의 호소는 전 유럽을 종교의 격정시기로 빠져들게 했다. 각 국의 봉건 군주는 앞 다투어 '십자군'을 조직했고, 그로부터 약 200년 동안(서기 1096~1291) 십자군은 지중해 동부에 있는 중동지구의 침략 전쟁에 8차례나 원정했다.

'십자군 원정'은 각 민족, 특히 이슬람 국가와 기독교 국가가 서로를 원수처럼 여기도록 만들었고, 천만을 헤아리는 사람이 전쟁으로 의미 없는 희생을 치렀으며, 각국의 사회질서와 사회생산을 곤란하게 만들었다. … 결론적으로 '십자군 원정'은 각 민족에게 계산할 수 없는 커다란 재난을 가져왔다. '십자군 원정'의 진정한 목적이 무엇이었든지, 교회세력의 선동이나 종교신앙과 종교감정이 없었다면, 이러한 종교전쟁은 일어나지 않았을 것이다. 설령 일어났다 해도 이처럼 길지 않았을 것이고, 그 영향도 이와 같이 크지 않았을 것이며, 그 재난 역시 이와 같이 엄청나지 않았을 것이다.

16세기 유럽에서 일어난 종교개혁운동은 신흥 부르주아 계급이 종교개혁이라는 깃발 아래 발동한 대규모의 반봉건적 사회정치 운동이었다. 1517년 독일인 신부 마르틴 루터가 성당 문 앞에 면죄부 파는 것을 반대하는 「95개 조항」을 붙이면서, 육신의 고통스러운 수행과 금욕보다는 마음을 참회하는 것이 더 나으며, 단지 기독교의 공덕만이 사회에 도움을 줄 뿐 면죄부를 사서 쌓은 공덕은 속죄에 도움을 주지 못한다고 주장하여 종교개혁의 서막을 열었다.

그 후 종교개혁의 파도는 서부유럽 각국으로 급속하게 퍼져나갔다. 스위스, 프랑스, 네덜란드, 잉글랜드, 스코틀랜드, 덴마크, 스웨덴, 핀란드 등 각 국가는 하나둘씩 종교개혁의 행렬에 동참하기 시작했다. 종교개혁운동은 봉건제도의 핵심인 로마 천주교회에 투쟁하는 것이었다. 즉 로마 교황이 각국 교회를 통제하는 것에 반대하며, 교회가 토지와 재산을 마음대로 사용하지 못하도록 하는 것이었다. 그리고 『성경』을 신앙의 최고 권위로 삼아, 신자 개인이 직접 하느님과 소통할 수 있음을 강조하면서, 신부의 중개가 불필요하다고 주장했다. 이와 같은 종교개혁운동의 발발로 천주교회의 신권정치는 쇠퇴하기 시작했다. 서유럽과 북유럽 각국이 잇따라 천주교의 세력권으로부터 벗어났고, 독일과 북유럽제국의 루터교, 잉글랜드의 성공회, 프랑스와 스위스, 스코틀랜드의 캘빈교 등 신교의 각종 유파가 앞 다투어 나타남으로써, 천주교가 천하를 통치하던 모습은 종교개혁의 파도 속에서 차츰 사라졌다.

기독교의 변천과 유럽사회의 변화에서 볼 때, 종교개혁의 영향과 가치는 매우 크다.

엥겔스는 16세기의 종교개혁과 17세기의 영국 자산계급 혁명, 그리고 18세기 말의 프랑스 대혁명 등을 부르주아가 봉건제도에 대항한 세 번의 커다란 도전으로 보았다. 사실상 종교개혁은 근대사회가 출발하는 계기가 되었다.

그 뒤 서양의 문학, 과학, 교육, 예술, 철학 등 모든 방면에서 큰 변화가 일어나면서 좋은 업적들이 쏟아졌다. 서방의 관용정신, 민주와 자유정신, 자본주의 사회, 그리고 공업화는 결국 위에서 말한 종교개혁정신의 표현이자 직접적인 결과였다.[5] 이상의 간략한 내용을 통하

5) 독일의 사회학자 베버는 신교의 윤리와 자본주의의 관계를 일종의 인과관계로 보았다. 바로 신교는 근면함, 극기, 봉헌과 희생정신을 끊임없이 고취시켜 사회가 재와 부를 축적케 하였으며, 이것은 마침내 서구자본주의의 출현과 발전을 이끌어 냈다고 보았다.

여 서구사회에서 기독교의 영향이 다른 어떤 의식형태와도 비교되지 않을 만큼 컸음을 잘 알 수 있다.

이슬람국가에서 이슬람교의 영향과 권위는 서방국가에서 기독교의 권위와 영향에 조금도 뒤지지 않는다. 이슬람교가 창시될 무렵 창시자 모하메드는 정치 지도자와 군사 지도자의 신분을 함께 겸하고 있었다. 그가 살아 있을 때 역사상 처음으로 첫 번째 이슬람 사원을 세웠고, 이슬람교를 믿는 신앙공동체인 '움마(Ummah, 이슬람 공동체)'를 세워 자기주위의 모든 신자들을 단결시켜 정치, 경제, 군사, 종교를 하나로 통합하여, 이슬람교 역사상 첫 번째 정교합일政敎合一 정권을 만들었다. 그리고 이슬람교의 오공五功(즉 염공念功, 배공拜功, 재공齋功, 과공課功, 조공朝功)제도를 만들어 사회, 윤리, 정치, 군사와 관련된 법령을 반포했다. 아울러 정교합일 형식으로 당시 아랍사회의 경제, 법률, 정치에 대한 전면적인 개혁 등을 실행했다. 그리고 정교합일의 형식은 이슬람교의 형식과 발전에 대해서도 그리고 천년 이상 지속된 이슬람의 사회, 정치, 경제, 문화의 발전에 대해서도 결정적 영향을 미쳤다. 역사적으로 이슬람교가 정교합일제를 실행하여 종교, 정치, 군사를 밀접하게 하나로 결합함으로써, 모하메드는 아주 단시간에 아랍반도에서 군사적 확장을 이

뤘다. 나아가 이를 통해 유럽과 아시아 그리고 아프리카를 잇는 봉건군사 대제국(아랍제국)을 일으켜 세웠다. 그리고 이슬람교도 이것에 힘입어 빠르게 전파되어 기독교에 버금가는 세계 제 2대종교가 되었다. 이런 업적은 모하메드의 천재적인 창조력과 관련이 많다. 모하메드는 종교 지도자로서 인류역사에 많은 영향을 미쳤다. 그리고 그의 이러한 영향은 어떤 사람과도(심지어 석가모니와 예수도) 비교할 수 없었다.

이슬람교는 오랫동안 정교합일제를 실행해 왔다. 종교지도자는 바로 정치지도자로서 최고의 권위를 가졌다. 모하메드가 죽은 뒤 종교, 군사, 정치, 사법의 대권을 한 몸에 쥔 최고 통치자를 일러 칼리빠(KHALIFA)라 칭했다. 서기 632년 처음으로 칼리빠 압달라 바이커얼이 임명되었다. 그러던 것이 1924년에 이르러 칼리빠를 취소하면서 정치와 종교가 분리되었다. 칼리빠는 대략 1300여 년이나 이어졌다. 오스만제국 초기에 칼리빠는 이름뿐이었다. 그러나 이슬람교가 국교가 되면서부터 다시 결정적인 영향을 지니게 되었다.

18세기 오스만제국이 서양 식민주의의 위협을 받자 칼리빠는 또다시 정교합일의 최고 지도자로 나타나, 전체 이슬람을 통솔하고 그들 공동의 적에 대항하는 신성한 사명을 책임졌다. 최근까지도 종교 지도자는 아랍국가에서 여전히 커다란 영향력을 행사한다. 그 중에서 가장 전형적인 모습은 이란의 호메이니였다. 그는 종교 지도자일 뿐만 아니라 정치, 군사, 경제의 권력을 한 몸에 지닌 명실상부한 이란의 독재자였다.

종교는 정치, 경제영역에서도 커다란 역할을 하고, 문학, 철학, 예술, 민속, 심리, 생활방식 등의 영역에서도 강렬하면서도 지속적인 역할을 한다. 서양의 종교건축, 종교음악, 종교회화, 종교조각, 종교문학 등은 그들 문화의 중요한 구성 부분이다. 서양인의 생활방식과 사회습관 등에 기독교는 매우 깊숙이 침투해 있다.

중국의 전통문화는 기독교국가와 이슬람국가에 비해 상대적으로 종교적 색채가 옅다. 그러나 중국의 전통문화에서 종교의 영향과 역할은 나름대로 광범위하게 존재했다. 예를 들면 적어도 불교는 다음에 열거하는 몇몇 중국문화의 형성과 발전에 많은 영향을 끼쳤다.

중국문학은 형식적인 측면이나 내용적인 측면에서 불교의 영향을 많이 받았다. 선종禪宗은 당대唐代에 성립된 이래 많은 시인들에게 적지 않은 반향을 불러일으켰다. 시인들은 선禪을 읽고, 참선하고, 시로써 선리禪理와 선취禪趣를 표현했다. 당송唐宋시기에 이르러서는 선으로써 시詩에 들어가는 이들이 생기는 등, 선으로 짓는 시가 널리 유행했다.

위대한 시인 왕유王維는 선으로 시에 들어간 대표적인 인물이다. 그의 산수시山水詩는 때로는 꽃과 새를, 때로는 산과 물을, 그리고 때로는 낚시하는 것을 노래하거나 혹은 한적함을 노래하면서 필묵의 한가운데 초연하고, 마음을 비우고, 자신을 청정하게 하며, 스스로를 그윽하면서도 깊게 만들었는데, 이것이 바로 선리禪理, 선의禪意, 선취禪趣의 진체眞諦(참된 도리)이다. 불교는 이러한 측면에서 중국문인들의 취미, 바람, 그리고 이상적 경지로 체현되었다. 오늘날에도 중국인들은 여전히 당송시기 산수시를 접하면서 많은 감명을 받는다. 그 근본원인은 시 속에 녹아 있는 풍부한 상상력과 높은 경지의 선의禪意 등이 독자로 하여금 책상을 치며 감탄케 만들고, 무궁한 맛을 샘솟게 하기 때문이다.

중국의 뛰어난 고전소설 가운데 하나인 『홍루몽紅樓夢』에서는 환상, 무상無常, 보은報恩 등의 사상이 언급되고 있는데, 이것은 사실 완전한 불교관념이다. 조설근曹雪芹은 『홍루몽』에서 인간세상을 불교 비관주의적 입장으로 바라보면서, 최후에는 주인공인 가보옥賈寶玉을 출가한

중으로 만들어 사회와 인생전체에 대한 부정을 묘사했다. 『홍루몽』에는 불교 용어가 자주 응용되어 등장하는데, 이것은 바로 조설근에 대한 불교사상의 영향을 증명한다.

다른 고전소설 『서유기西遊記』는 민간전설을 소설화한 것으로, 당대唐代의 고승 현장玄奘이 인도에 가서 경전을 가져온 고사와, 이와 관련된 화본話本과 잡극雜劇 속의 신화 전설을 기초로 쓰였다.

『서유기』의 주인공은 당나라 승려, 손오공, 사오정, 저팔계로 모두 수도승이다. 여래불如來佛은 매우 엄숙하며 법력이 큰 인물이고, 관음觀音은 불법을 열심히 수련하고 보살들의 어려움과 고통을 구원하는 인물이다. 이 책은 불교를 드높이고 불법의 무한함을 선양하고자 다각도로 노력했다. 예를 들어 하늘에서 손오공이 아무리 여래불의 손바닥을 벗어나려 애써도 벗어날 수 없음을 비유하여, 인간도 불교에 귀의할 수밖에 없음을 묘사했다. 어느 정도 비관적인 사고와 인과응보因果應報 같은 숙명론적 사상을 가진 중국인의 인생관념이나 윤리관념은 그 대부분이 불교의 영향이라고 말할 수 있다.

중국철학은 불교의 영향을 깊이 받았다. 남북조南北朝와 수당隋唐 시기에 중국철학의 사상적 발전을 이끈 주류는 바로 불교였다. 그것이 지속된 기간과 세력은 매우 길고 컸다. 이러한 영향력은 서한西漢의 경학經學과 송명宋明의 이학理學보다 크다. 바로 이 시기에 불교에서는 반야학般若學, 선학禪學, 육가칠종六家七宗, 천태종天台宗, 유식종唯識宗, 화엄종華嚴宗, 선종禪宗, 정토종淨土宗 등 여러 종파가 출현해 각자의 주장을 펼쳤다. 남북조의 '불성론佛性論'과 수당 시기의 '심성론心性論'은 당시 널리 토론되었던 철학문제였다. 이것은 인류의 심리적인 활동에까지 영향을 미쳤고, 나아가 감각경험, 도덕, 인식론, 본체론, 사회관, 종교실천 등 각기 다른 영역에까지 영향을 미치면서 중국철학의 논단을 좌우했다. 송명이학宋明理學에서 주희朱熹, 왕양명王陽明 등은 모두 불교의 영향을 깊이 받았다. 주희의 '이일분수理一分殊'개념과 '월인만천月印萬川'의 비유는 모두 불교로부터 나왔다. 또한 왕양명의 심학心學과 수당 시기의 심성학心性學은 깊은 관계가 있다. 그리고 송명이학 자체도 유儒, 불佛, 도道가 융합되어 이루어진 산물이다. 결론적으로 불학은 중국철학에서 중요한 부분을 차지했다. 호적胡適선생은 『중국철학사中國哲學史』를 쓸 때, 스스로 불학을 알지 못한다고 여겨 중도에 붓을 놓았다. 나중에 그는 수당 시기의 사상가는 승려로서, 세속의 일반사상가들은 그 다음에 지나지 않는다고 말했다. 이러한 이유로 우리는 중국 불교에 대한 이해 없이, 중국철학의 발전과 변화를 이해할 수 없다고 말할 수 있다. 당 이후의 철학가들 가운데 유심주의唯心主義자들만이 불교를 계승한 것이 아니라, 유종원柳宗元, 유우석劉禹錫, 왕부지王夫之, 대진戴震 등과 같은 유물주의자들도 불교 심성론心性論을 계승했다. 중국 근대의 유명한 사상가인 담사동譚嗣同, 강유위康有爲, 양계초梁啓超, 장태염章太炎 등은 서로 조금씩 달랐지만, 모두 불교의 합리적인 요소를 받아들였다. 특히 장태염의 철학사상의 귀결점과 핵심은 바로 불교의 유식론唯識論이라고 말할 수 있다.

중국의 건축, 조각, 그리고 회화에서 불교는 불멸의 업적을 이루었다. 중국의 석탑 예술도 그 근원을 불교에 둔다. 서안西安의 대안大雁탑, 항주杭州의 육화六和탑, 천주泉州의 개원쌍사開元双寺탑, 하남河南 등봉登封의 숭악사嵩岳寺탑 등, 이 모두는 중국건축 예술의 신귀한 보물이다. 중국불교의 조각예술은 석굴상, 금동상, 비석, 목각상 등 그 수량이 너무 많아 헤아릴 수 없고, 그 창작물은 아름답고 찬란하여 사람들로 하여금 찬탄을 금치 못하게 한다. 세상에 널리 알려진 돈황敦煌석굴, 운강雲岡석굴, 용문龍門석굴, 그리고 낙산대불樂山大佛 등, 이 모두는 매우 다채롭고 성대하여 그야말로 장관을 이루고 있고, 그 이름도 역사에 길이 남을 천고의 예술보물로서 영원히 기억될 것이다. 중국의 회화예술은 내용에서 형식까지 불교의 흔적이 역력하다.

돈황막고굴敦煌莫高窟의 당대唐代 벽화는 중국 당대 회화사의 축소판이다. 이것은 '경변經變'의 형식을 이용하여 불교의 즐거움과 미를 구가했다. 휘황찬란한 작품, 예술구상의 기상이 화려하고 다채로움, 인물조형의 다양한 모습은 중국 회화예술에서 제일 눈길을 끄는 것들이다. 벽화를 제외하고도 양대梁代의 장승요張僧繇, 북제北齊의 조중달曹仲達, 당대唐代의 염입본閻立本과 오도자吳道子 등은 불화로 널리 알려진 사람들이다. 송원宋元 이후에 성행한 사의화寫意畵는 선종이나 반야학과 매우 밀접한 관계를 맺고 있다.

불교는 중국어에 새로운 어휘를 많이 제공했다. 중국인들이 사용하는 어휘 가운데 세계世界, 각오覺悟, 중생衆生, 인연因緣, 연기緣起, 여실如實, 실제實際, 무상無常, 돈오頓悟, 현행現行, 윤회輪回, 평등平等, 찰나刹那, 상대相對, 절대絕對, 청규계율淸規戒律 등은 모두 불교에서 나왔다. 중국의 민족음악도 불교음악의 영향을 많이 받았는데, 민간의 설창說唱음악6), 음운학 및 음률, 음계와 악보의 발전 같은 것들과 불교 음악의 영향은 분리해서 생각할 수 없다. 중국의 번역학은 불경의 번역에서 시작했다. 중국의 의학, 약학, 천문학 역시 불교의 영향을 받았다. 중국인의 심리현상, 인생관, 도덕관념과 불교는 늘 관련되어 있었다. 중국에서 전통적으로 내려오던 고해무변苦海無邊, 공환空幻, 무상無常, 윤회輪回, 보응報應, 자비慈悲 등의 사상도 사실 모두가 불교에서 온 것이다. 과거, 비관적이고 염세적이던 사람들은 불교의 인생철학에서 위로를 얻었다. 불교의 '출가出家'는 사람들이 속세의 번뇌에서 벗어나 해탈을 얻는 마지막 출구였다.

결론적으로 불교가 중국 전통문화에 끼친 영향은 다방면에 걸쳐 매우 컸다. 수천 년의 문화교류와 문화충돌의 과정 속에서, 외래 종교인 불교는 중국역사와 중국문화의 중요한 일부분을 차지하면서 중국화 되었다.

위에서 말한 것을 종합해 보면, 종교는 일종의 의식형태로서 인류사회 구석구석에 많은 영향을 미쳤다. 그 작용은 컸고, 영향은 넓었으며, 침투는 깊었고, 지속 시간은 길었다. 이처럼 종교는 다른 어떤 의식형태와도 비교할 수 없는 대단한 것이다.

---

6) 운문과 산문으로 꾸며져 있는 민간문예.(역자 주)

5. 도교 - 중국의 뿌리

세계 3대 종교인 불교, 이슬람교, 기독교는 역사적으로 비교적 일찍 중국에 전해졌다. 그 가운데 불교가 중국에 미친 영향이 가장 컸고, 그 다음이 기독교와 이슬람교였다. 그러나 이들 모두는 외래종교였다. 진정 중화민족 역사에서 중국에서 태어나, 중국에서 성장하고, 중국의 문화에 크게 영향을 미친 것은 도교뿐이다.

노신魯迅선생은 1918년 8월 20일의 「치허수상致許壽裳」이라는 편지에서 "중국의 근간은 도교에 있다. … 이것으로 역사를 읽으면 많은 문제가 순리적으로 잘 풀린다"고 말했다. 그리고 1927년 9월 20일 지은 「소잡감小雜感」에서 노신 선생은 또 이렇게 말했다.

> "사람들은 종종 비구를 미워하고 비구니를 미워하며, 이슬람교도를 미워하고 그리스도 교도를 미워해도 도사를 미워하지는 않는다. 이 이치를 알면 중국에 대해 거의 반을 안 것이다."

노신 선생이 중국의 근간이 도교에 있다고 말한 것은 매우 깊고도 정확한 지적이다. 즉 중국문화를 이해하기 위해서는 반드시 도교를 이해해야 한다는 것이다. 바꿔 말하면 도교의 이해 없이 중국문화를 이해할 수 없고, 심하게는 중국문화 전반을 조금도 이해할 수 없다는 것이다. 그렇다면 도교가 중국 역사에 미친 중대한 영향을 어떻게 이해할 수 있을까?

질문에 대한 대답은 반드시 사실에 의거해야 한다. 우리들은 당연히 노신 선생이 앞서 말한 단편적인 말(그의 말에는 감정이 개입되었기에 그 대답이 상세하지 못했다)에 구애되지 말고 그 대답을 찾아야 한다.

도교가 정식으로 출현한 것은 동한東漢 말기였다. 물론 도교가 커다란 잡동사니처럼 보일 수도 있다. 도교는 민족의 토지 위에 뿌리를 둔 채 심원한 기초와 강력한 생명력을 가진, 중국역사에서 무시할 수 없는 존재이다. 도교의 출현과 탄생은 특별히 어떠한 학설이 주동되어 이루어진 것도 아니고, 어떤 선지적인 능력을 가진 인물이 심사숙고하여 창조한 산물도 아니다. 그것은 중화민족의 종교적인 행위와 역사적 축척의 결과일 뿐이다.

도교가 처음 만들어졌을 때 무술巫術, 미신, 신선방술

神仙方術, 유가의 윤리, 노장학老莊學 등 서로가 모순되는 각종 사상과 경험이 전체적으로 도교 안에 존재했고, 도교가 출현한 이후에는 불교사상 같은 외래사상이 흡수되기도 했다. 도교는 시작부터 지금까지 여러 문화를 두루 받아들인 문화종합체다.

도교는 오두미도五斗米道와 태평도太平道에서 시작한다. 이와 같이 전통에 기초를 두고 심원한 기초를 가진 종교로서, 이후 도교는 강력한 생명력을 갖게 되었다. 역사적으로 황건적黃巾賊의 난에서 태평도太平道의 지도자인 장각張角 형제는 도교를 이용해 아주 짧은 기간인 대략 10년 만에 각종 무술巫術을 이용하여 수십만 신도를 자기 주위에 모았고, '방方'의 단위로 교구敎區를 편성하여 조직적인 활동을 일으켰다. 장릉張陵이 세운 오두미도도 그 세력이 매우 컸다. 그의 손자 장로張魯는 '오두미五斗米'로 신앙 행위를 하면서 30여 년 간이나 정치와 종교가 합일된 정권으로 패권을 잡았다. 도교 탄생 초기에는 이처럼 막강한 영향력과 많은 신도들이 있었다. 그 근본원인은 장각張角 형제, 장릉張陵, 장로張魯의 재능에 있는 것이 아니라, 무술巫術, 귀신, 미신관념 등이 당시 사람들의 마음에 잘 먹혀들었기 때문이다. 장각은 물을 붓거나 주문을 통해 사람의 병을 고침으로써 의외로 많은 신도를 모았다. 이로 미루어 볼 때 도교 성립 초기에 이미 각종 미신관념이 널리 퍼져 있었음을 알 수 있다.

도교의 끊임없는 발전에 따라, 동진東晋시기에 이르러서 도교는 봉건 통치자에게 이용되어 관방官方 도교와 민간民間 도교로 나뉘어졌다. 갈홍葛洪은 유교와 도교 둘을 함께 수행(儒道雙修)할 것을 주장하여 유가의 인의도덕仁義道德과 도교의 학선수도學仙修道를 결합했다. 즉 신선이 되기 위해서는 충효忠孝, 인신仁信, 화순和順을 근본으로 하여 선을 쌓고 공을 세워 나아가야 신선이 될 수 있다고 보았다. 이러한 갈홍의 사상적 영향은 매우 크게 파급되어, 도교의 지위를 합법화하고 신선관념을 유행시켰다.

남북조南北朝 시기에도 도교의 지위는 점차 높아졌다. 그래서 당시 도교의 지도자는 도교의 사무를 집행할 뿐만 아니라 국가의 큰일에 대해서도 많은 영향력을 행사하게 되었다. 북위北魏의 저명한 도사 구겸지寇謙之는 명망이 높은 지도자인데, 그의 권유로 북위 태무제太武帝 탁발도친拓跋燾親은 도교에 입문하여 도사황제道士皇帝가 되었다. 그리고 구겸지는 국사國師의 신분으로서 직접 군사와 정치 등의 국정에 관여했다. 태무제 이후로 북위에서는 황제가 즉위할 때, 반드시 도량道場에 친히 나가 도사가 거행하는 법록法籙을 받는 의식에 참가해야 했다. 이것은 하늘로부터 명을 받아야 권한을 갖고 인간의 최고 통수권자가 될 수 있다는 것을 상징한다. 이런 제도는 후주後周(951~960)까지 계속되었다. 남조南朝의 도사 도홍경陶弘景은 명성이 높았다. 그는 모산茅山에 머물렀는데 사람들은 그를 '산중재상山中宰相'이라 칭했다. 당시 임금인 양무제梁武帝는 자주 도홍경을 방문하여 군사와 정치에 관한 가르침을 청해 듣곤 했다.

당송唐宋 때 도교는 더욱 발전하게 된다. 이씨 당 왕조는 그 통치의 권위성을 유지하기 위해 신화를 꾸며 도교 교주인 노자를 이씨 가문의 선조로 받들고, 도교를 유교, 도교, 불교 삼교 가운데 가장 높은 지위로 올려 세웠다. 당 고종高宗은 노자를 위대한 현원황제玄元皇帝로 추봉追封했다. 당 현종玄宗은 친히 법록法籙을 받고 도사황제라 자칭했으며, 각지에 현원황제의 사당을 만들도록 명령했다. 또한 그는 조상을 함께 제사지내면서 문무文武관원들을 정기적으로 조배하게 했다. 그리고 여러 방면으로 도교를 키우고, 그 지위를 높이려 했다. 저명한 『개원도장開元道藏』은 당 현종 때에 여러 자료들을 수집하고 정리하여 만든 것이다. 당 왕조의 보호 아래, 국교가 된 도교는 봉건통치의 정신적 지주가 되었다.

송宋나라는 당의 뒤를 밟아 도교의 조현랑趙玄郎을 조씨 송왕조의 시조로 받들어 모시면서, 자신들 통치의 신성함과 혈통의 고귀함을 강조했다. 송 휘종徽宗은 도교를 독실하게 믿어 재위기간 동안 스스로를 도군황제道君皇帝라 칭하였고, 도교의 지위를 높이려 애썼다. 도사를 총애하고 도관을 많이 세웠으며, 스스로 군권신수君權神授의 신화를 열심히 선전했다. 금金의 병사가 남쪽으로 건너왔을 때 송 휘종은 방사方士 유지상劉知常이 수련한 '신소보륜神霄寶輪'을 이용해 당황하는 4만의 병사를 진정시키고, 포로가 되었을 때는 자주색 도포를 입고 머리에 소요건逍遙巾을 둘러 도사처럼 꾸몄다. 이것으로 보아 송 휘종의 도교에 대한 관심은 신앙의 정도를 넘어선 것이었음을 짐작할 수 있다.

도교는 원명청元明淸 이후 정치적으로 세력이 약화됐지만 그래도 여전히 많은 영향력을 지녔다. 칭기즈칸은 전진도全眞道의 대도사 구처기邱處機를 존경하여, 그에게 천하의 모든 출가자를 관리하도록 했다. 원나라 말기 정일천사도正一天師道는 조정과의 관계가 밀접하여, 역대 교주인 장천사張天師 모두가 조종으로부터 은혜를 받았다. 그리고 원순제元順帝는 제30대와 40대 천사에게 사詞를 지어 하사했다. 명태조明太祖 주원장朱元璋 역시 도교를 이용했다. 제42대 천사 장정상張正常은 주원장이 왕이 되기 전에 "천운이 태조에 있다. 天運在太祖"라고 쓴 명부를 주원장에게 전했다. 이것은 결국 주원장이 정권을 바꾸는 데 유리한 여론을 조성했다. 명성조明成祖 주체朱棣는 도사 장삼풍張三豊을 여러 번 방문하여 만났다. 영락永樂 10년(1412년) 그는 무당산武當山에 대규모 토목공사를 일으켜 도교 궁관을 세우도록 명령했는데, 여기에 10만여 명의 인원이 참가하고 10년의 세월이 투자되어 총 건물 2만 여간의 대 건축물이 완성되었다. 이처럼 산을 개발한 대규모 공사는 그 전까지도 전무후무했다. 명세종明世宗은 도교에 심취하여 그가 재위하고 있을 때 도사 소원절邵元節, 도중문陶仲文 등이 무술巫術과 주문에 재간이 있다고 여겨 그들을 총애했다. 그리하여 그들은 도관을 통솔할 뿐만 아니라, 도교 내의 사무를 관리 경영하게 되었고, 그 정치적 지위도 높아져 황제와 조정을 조종하는 위치까지 이르렀다.

도교가 정치에 미친 영향과 작용은, 중화민족의 정신세계와 풍속, 전통 등에 미친 영향에 비해 적다면 적고 많다면 많다. 도교는 중국의 근간을 이루고 그들 속에 있으면서 중국의 전통과 풍속, 중국인의 정신세계 및 중국의 과학기술, 문학, 예술 등에 매우 중대한 영향을 미쳤다.

도교는 중국민속과 중국민족의 정신세계에 커다란 영향을 미쳤다. 도교가 노자를 교주로 모시고 도가 철학을 핵심으로 하였지만, 거기엔 대량의 민간무술民間巫術 신앙과 민간사상이 흡수되어 있다. 사실 도교의 이론 수준은 낮고 저속하여, 깊고 심오한 불교와 기독교에 비할 바가 못 된다. 역사적으로 중국인의 종교 관념은 상대적으로 낮았지만, 미신에 대한 믿음과 숭배는 매우 강렬했다. 이런 현상은 주로 도교의 영향과 관련된다. 과거 중국에서는 도사들이 온 천하를 휩쓸었고, 각종 도교 미신들이 성행했다. 예를 들면, 부계강신扶乩降神[7], 부적을 쓰고 주문을 외우는 것, 귀신과 사악한 것들을 물리치는 것, 풍수지리, 재앙을 물리쳐 비가 내리기를 비는 것, 점으로 운명을 보는 것, 물을 뿌려 병을 고치는 것, 제사상을 차리고 소원을 비는 것, 자식을 낳게 비는 것 등은 중국전역에서 두루 발달했다. 오늘날에도 이런 미신 형식은 조금 변형되어 농촌에 널리 존재하고, 몇몇 지역에서는 갈수록 그 세력을 더하고 있다.

---

7) 나무로 된 틀에 나무 연필을 달고 그 아래 모래판을 두어 두 사람이 틀의 양쪽을 잡는다. 신이 내리면 나무 연필이 움직이는데, 이때 모래판에 쓰인 글자나 기호를 읽어 길흉을 점치는 것이다.(역자 주)

도교는 다신교多神敎다. 천년을 넘게 이어온 중국 봉건사회 속에서 도교 사당은 많이 세워졌고, 그 속에서 제사와 향불은 꺼지지 않고 계속되었다. 재신財神, 문신門神, 조신竈神, 성황신城隍神, 우뢰신雷公, 토지신土地神, 옥황대제玉皇大帝, 관제關帝 등은 민간에서 널리 받들던 신들이다. 이들은 그 커다란 영향으로 거의 모든 집들에서 신봉되었고, 아침마다 경배될 정도였다.

민속은 문화의 표층구조를 이루면서 안정성을 구비하고, 문화의 심층구조를 집중적으로 표현하면서 문화의 특성을 겉으로 드러낸다. 도교의 다신多神 숭배는 민간의 풍속과 습관에 직접적인 영향을 주었고, 전통적인 민간 습속에는 기본적인 구조를 갖춘 특정한 풍격을 부여했다. 도교는 주로 도교 기념일을 통해 중국민속에 그 영향을 주었다. 과거에는 매년 1월부터 12월까지 거의 매달 도교 기념일이 있었다. 그 가운데 도교가 중국 민속에 영향을 준 것은 약 20개 정도다.

정월 9일은 옥황대제玉皇大帝의 생일, 정월 15일은 상원절上元節, 정월 19일은 연구절燕九節, 이월 15일은 노자 탄생일, 삼월 3일은 서왕모西王母의 생일, 삼월 15일은 장천사張天師의 탄생일, 삼월 18일은 동악대제東嶽大帝의 생일……. 이와 같이 그 기념일은 끊임없었다. 기념일 기간에 도사들은 종교제사 활동을 거행했다.

도교 기념일 대부분에는 묘회廟會[8]가 열렸고, 이 날은 신도가 아닌 사람들도 기념일로 여겨 성대한 제사로서 신을 기쁘게 하는 활동에 참여했다. 또한 경제, 문화, 오락 활동 등도 매우 광범위하게 진행되었다. 이 모든 활동은 매우 성대하고 요란 법석하게 진행되어 모든 백성의 몸과 마음에 깊은 영향을 미쳤고, 백성들도 이것을 즐거워하고 기뻐했다.

신선설神仙說은 도교의 기본 관념이다. 신선설에서는 도를 연마하면 누구나 신선이 될 수 있고, 오랫동안 죽지 않고 살 수 있다고 여겼다. 신선설은 도교의 중요이론으로서 오랜 기간 백성들에게 깊이 전해졌고, '신선神仙'은 중국전통문화를 대표하는 특징 가운데 하나로 자리를 차지했다. 오곡五穀을 끊고 세속을 벗어나, 신통광대神通廣大하고 장생불로長生不老하게 된 신선은 사람들에게 흠모의 대상이었다. '팔선八仙'은 민간전설이나 소설과 잡극 속에서 사람들에게 널리 알려져 있다. '원곡사대가元曲四大家' 가운데 한 사람인 마치원馬致遠이 남긴 잡곡 7종류 중에 전문적으로 신선도가의 경력을 소재로 한 것

8) 과거 잿날 또는 일정한 날, 도관 안이나 근처에 임시로 설치한 시장.(역자 주)

은 4종류나 된다. '팔선은 바다를 건너고, 각자 신통력을 드러낸다八仙過海 各顯神通', '탈태환골脫胎換骨', '한 사람이 도를 얻으면 개나 닭 같은 금수도 승천한다 一人得道 鷄犬昇天' 등은 도교 신선과 관련이 있다는 이유로 일찍부터 중국인들에게 친숙한 일상용어가 되었다.

도교는 중국 고대의 과학기술에도 커다란 공헌을 했다. 중국 고대 화학의 출현과 발전은 도사들의 연단煉丹 실험에서 발전했다. 연단술煉丹術이 없었다면 중국의 고대 화학은 존재하지 못했을 것이다. '4대 발명'의 하나인 화약은 바로 연단술의 뛰어난 성과다. 도교는 중국 의학에 미친 공헌도 매우 컸다. 도사 갈홍葛洪, 도홍경陶弘景과 손사막孫思邈 등은 중국 고대의 뛰어난 의학자다. 갈홍葛洪은 세계적으로 면역치료법의 선구자가 되었고, 도홍경은 약물 분류법으로 중국 약물사상 신기원을 창립했다. 손사막은 『천금요방千金要方』을 지어 중국의학에서 뛰어난 명저를 후세에 남겼다. 후세에 그는 '약왕藥王'으로 불렸는데, 이것은 바로 그가 중국 고대 의학에 불후의 공헌을 했음을 입증한다. 중국의 기공과 양생養生은 민족 의학의 보배로, 이것의 발전과 성장에도 도교는 뛰어난 공헌을 했다. 역사적으로 유명한 도사들은 대부분

기공대사氣功大師다.

도교의 양생 저작인 『노자하상공장구老子河上公章句』, 『주역참동계周易參同契』, 『황정경黃庭經』과 『오직편悟直篇』은 지금까지도 중국 기공학氣功學의 4대 경전으로 전해진다.

도교가 중국 과학기술에 미친 근본적인 근거는 바로 신선관념이다. 장생불사長生不死와 도를 얻어 신선이 될 수 있다는 도교의 신념을 더욱 고취시키고 선전하기 위해, 도사들은 객관성을 얻어야 했다. 그래서 그들은 고대화학, 의학과 인체 과학의 연구와 탐색에 힘을 기울였고, 결국 이것은 중국 과학기술의 발전을 촉진시켰다.

또한 우리는 중국 학술의 발전에서도 도교의 영향을 무시할 수 없다. 당송唐宋 이후 출현한 유儒, 도道, 불佛 삼교의 합류 추세는 마침내 송명이학 탄생의 토대가 되었다. 당대唐代의 도사 사마승정司馬承楨이 제창한 고요함을 지키고 욕심을 버리는守靜去慾 이론은 송대宋代 이학자理學者들에게 받아들여졌다. 예를 들면 북송의 대유大儒 주돈이周敦頤의 '태극도설太極圖說'과 소옹邵雍의 '선천학先天學'은 도교로부터 많은 영향을 받았다. 남송南宋 이학理學의 큰 스승 주희朱熹는 방대한 유심주의 철학 체계를 창조했다. 바로 이것도 유학의 '강상명교綱常名教'를 핵심으로 하여 도교의 '우주도식宇宙圖式' 이론과 정적인 것을 중심으로 하는 수양방법을 채용하고, 나아가 불교의 이치를 종합하여 만들어 낸 결과물이다.

중국의 문학예술에도 도교는 두루 영향을 미쳤다. 육조六朝 때 일시적으로 풍미한 지괴소설志怪小說은 그 대부분이 신선가와 방사의 손에서 나온 것으로, 이것은 소설 형식을 빌어 도교의 신선과 귀신, 신선이 사는 곳, 길흉 등의 허무맹랑한 이야기를 묘사했다. 당대의 전기傳奇소설, 송대의 평화平話[9], 명대의 신마神魔소설 및 청대의 포송령蒲松齡의 『요재지이聊齋志異』 등은 모두 도교의 영향을 받았다. 당나라 말기에는 협의俠義 소설이 널리 유행했는데, 거의 모두 기괴한 이야기로 이루어졌다. 명조 중엽에는 신마神魔 소설이 자주 나타났다. 그 내용 역시 도교의 기괴한 이야기로 꾸며져 있는데, 유명한 『봉신연의封神演意』가 전형적인 대표작품이다. 청대의 『요재지이』도 그 내용을 보면 도교 신선 이야기에서 적지 않은 소재를 채택했다.

시가詩歌 방면에서도 도교의 영향은 매우 컸다. 위진魏晋 시기의 저명한 시인인 조비曹丕, 조식曹植, 장화張華,

9) 민간 구두문학.(역자 주)

육기陸機, 곽박郭璞 등은 모두 매우 아름다운 '유선시遊仙詩'를 썼다. 당대의 대시인 이백李白은 스스로 '적선인謫仙人'이라 칭하였는데, 그가 일생 동안 남긴 유선시는 100여 수나 된다. 그 중 「몽유천모음유별夢遊天姥吟留別」은 매우 아름다운 유선시로서 현재까지 많은 사람의 입에 오르내리며 사랑을 받고 있다. 이백 외에도 두보杜甫, 이상은李商隱, 이하李賀와 송대의 소동파蘇東坡 등은 모두 신선관념의 영향을 받았고, 도교와 어느 정도 관련 있는 시들을 창작했다.

희극 방면에서도 도교의 영향은 상당히 컸다. 원元의 잡극雜劇 12종류 중 '신선도화神仙道化'극은 그 중 하나로, 도사가 초탈하여 하늘로 날아올라 간다는 이야기를 그리고 있다.

『여동빈삼취악양루呂洞賓三醉岳陽樓』, 『황량몽黃粱夢』, 『서화산진단고와西華山陳摶高臥』 등은 저명한 희곡가 마치원馬致遠의 손에서 나왔다. 도교의 '신선도화' 극은 원대뿐만 아니라 명대와 청대까지 지속적인 영향을 미쳤다.

이밖에 도교는 중국 고대의 회화, 음악, 건축 등에도 많은 영향을 미쳤다. 산서山西 영락궁永樂宮에 있는 벽화는 당송唐宋 시기의 도화道畵를 집대성한 걸작으로, 중국

미술사와 중국 회화 예술 분야에서 귀중한 가치를 인정받고 있다.

도교 음악 역시, 그 감동적인 아름다움은 민간에 널리 전해졌다. 과거, 도교 음악 감상은 민간 문화생활에 매우 중요했다.

도교 건축도 중국민족 문화의 매우 중요한 일부분이다. 도교 건축의 배치, 기술, 예술적 스타일 등은 현재의 건축에서도 참고할 가치가 많다.

결론적으로 도교는 중국의 정치, 경제, 과학기술, 문학예술, 철학, 민속, 심리 등 사회생활 각 방면에 커다란 영향을 미쳤다. 이것은 위에서 간략히 소개한 것으로도 쉽게 알 수 있다. 이로 미루어 볼 때, "중국의 근거는 도교"라는 노신 선생의 말은 확실히 의미심장하다.

제2장 도교의 사상연원

동한東漢 화제和帝 때부터 시작된 외척外戚과 환관宦官의 정권다툼으로 동한의 조정은 더욱 빨리 부패했다. 특히 힘있는 지주들이 자신들 소유의 토지 면적을 확장함에 따라 농민의 처지는 갈수록 나빠져, 파산하거나 도망치는 농민들이 자주 나타났다. 역사기록에 의하면, 환제桓帝 영흥永興 원년(서기 153년)에는 유랑민의 수가 거의 10만 호에 달했다. 영제靈帝 때는 환관이 조정을 지배하였고, 영제는 서쪽 궁전을 열어놓고 관직을 팔았다. 당시 정치 부패는 정점에 달했는데 설상가상으로 각종 자연재해가 끊임없이 발생하고 전염병도 창궐했다. 이에 많은 백성들은 집으로 돌아갈 수 없게 되었고, 유랑민들은 모든 것을 포기한 채 떠돌아다닐 수밖에 없었다. 사회는 끝없는 혼란과 동요의 어둠 속으로 빠져들어, 정상적으로 운행되던 봉건질서는 완전히 파괴되었다.

괴롭고 힘든 곳에는 바로 종교가 있다. 엥겔스는 『원시기독교사론』에서 "최초의 기독교는 어떤 사람들로부터 일어난 것인가? 주로 백성들 가운데 최하층으로, 혁명조류에 부합하는 고통 받고 지친 사람들이 모여 일어난 것이다"라고 말했다. 동한東漢 말 정치, 경제, 정신과 도덕의 전반적인 와해, 그리고 심각한 사회위기는 종교의 탄생을 객관적으로 제공하는 조건이 되었다. 이런 측면에서 동한 말에 도교가 출현한 것은 결코 우연이 아니다.

도교는 오랜 역사 발전의 산물이다. 도교의 탄생에는 동한 말년의 정치부패, 사회혼란, 무수히 많은 하층민들이 법 없이 스스로 주인이 되고자 하는 객관적 사회역사 조건 외에, 깊은 사상적 원인이 존재한다. 일반적으로 말해 객관적인 사회역사조건은 도교 탄생의 외적요인이었고, 각종 종교와 미신 관념은 도교 탄생의 내적 요인이자 내재적 근거였다. 내재적 근거로는 중국의 고대종교, 무술巫術, 신선사상, 참위讖緯사상, 미신과 황로黃老사상 등이 있고, 이들은 도교에 직접적인 자원이 되었다. 이것들은 도교의 이론적인 기초와 사상적인 내용을 구성했다. 만약 이런 것들이 없었다면 도교는 이 세상에 나타나지 못했을 것이다. 도교가 세상에 출현한 뒤, 사회적으로 커다란 반향을 불러 일으켰는데, 바로 이것이 도교가 견고하면서도 실속 있고, 깊으면서도 두터운 기초를 가지고 있음을 입증하는 것이다. 사실 도교는 종교 형식을 빌어 각종 전통 관념을 결합한 결과물에 지나지 않는다. 따라서 도교와 도교 발전사를 이해할 때, 우리는 반드시 도교 사상의 연원을 알아야 한다.

도교는 중국전통문화에 그 뿌리를 두면서도 매우 광범위하고 복잡하다. 간단히 살펴보면 다음과 같다.

1. 중국 고대의 종교관념

중국 고대사회의 종교숭배는 주로 자연숭배와 귀신숭배였다. 자연숭배는 천상과 지상 그리고 각종 자연물을 신격화하거나 숭배하는 것이다. 고대사회의 낮은 생산능력과 사유능력 때문에 사람들은 자연과 자연력을 이해하거나 지배할 수 없었다. 그래서 자연과 자연력에 대한 기대나 경외감이 발생했다. 더불어 환상과 추측을 통해 각종 자연현상과 자연력을 인격화하거나 사회화했다. 그들은 나아가 자연과 자연력을 구체적인 자연물이나 신령으로 독립시켜, 그것들을 향한 제사와 기도를 올렸다.

중국 고대에서 숭배하던 자연물은 매우 광범위했다. 일월성신日月星辰, 바람, 비, 천둥, 번개, 산악, 하천 및 각종 동식물들이 숭배대상이었다. 많은 숭배대상 중에서도 인간의 생존이나 생산 혹은 생활과 직접 관련되는 자연물과 자연력, 즉 바람, 비, 천둥, 번개, 토지, 산천, 물, 불에 대한 숭배가 비교적 보편적이었다.

중국은 비교적 이른 시기에 농업과 목축업이 발전했다. 그래서 비가 내리는 것은 고대사회의 생산활동에 있어 매우 중요한 요소였다. 그러나 비의 작용은 이중성을 지닌다. 즉, 농업 등의 생산활동에서 물은 매우 중요한 것으로, 모든 농작물은 적당한 물을 필요로 한다. 그러나 폭우는 수해를 조성할 뿐만 아니라 농업과 사람의 생명, 그리고 재산에도 막대한 손실을 초래한다. 그래서 사람들은 비와 물에 의지하면서도 이것들을 두려워하는 이중성을 갖게 되었다. 따라서 비의 신은 자연히 인간들이 숭배하는 대상이 되었다.

중국의 토지숭배는 더욱 보편적이었다. 토지는 인간이 생존, 생산, 생활하고 만물이 생장하는 중요한 곳이다. 따라서 토지를 인격화, 신격화하여 숭배하고 받드는 것은 지극히 자연스러운 결과였다. 사람들은 토지를 신령으로 모시면서, 토지신에게 그들의 생존과 생활을 보장해 달라고 제사지냈다. 주천순朱天順선생은 다음과 같이 말하였다 "중국 고대의 토지신 숭배는 크게 세 단계로 나누어 볼 수 있다. 첫 단계는 토지를 자연신으로 여겨 직접 토지를 향해 제사를 드리고 예배한 것이다. 둘째 단계는 의인화된 토지신을 숭배한 것이다. 그러나 의인화된 토지신에게는 토지의 자연력과 토지가 사회 생활에 미치는 영향력이 집중되어 있었다. 셋째 단계는 토지공土地公을 숭배하는 것으로, 땅마다 한 명의 토지공이 있어 해당지역을 관리한다고 보았다. 이러한 신성화는 주로 사회적인 작용이 강조되었고, 자연적인 작용은 덜 강조되었다"[10].

중국 고대의 자연숭배에 의해 비신, 토지신, 산악신岳神, 우뢰신雷公, 수신水神 등의 천신天神과 토지신이 만들어 졌고, 이것은 훗날 도교에 거의 흡수되어, 도교에서 숭배하고 받드는 신들이 되었다.

귀신숭배에는 각종 신령과 조상신 숭배가 포함된다. 여기서 장례와 귀신들에 대한 제사의식이 탄생했다.

귀신숭배의 기원은 신석기 초기까지 거슬러 올라간다. 그 탄생과 발전은 단순함에서 복잡함으로 변화하는 과정을 거친다. 신석기 초기에는 사람들의 귀신관념이 비교적 단순했고, 장례 예식도 비교적 간단하고 소박했다. 신석기 말기 이후 귀신관념은 점차 복잡한 추세로 변화되어 장례의 형식이나 내용이 다양하고 복잡하게 되었다. 고고학 연구에 의하면 당시 행해진 장례 종류도 매우 다양했다. 복와장伏臥葬, 굴지장屈肢葬, 앙와신전장仰臥伸展葬이 있었고, 어린아이와 성인을 구별하여 장례를

10) 『中國古代宗敎初探』, 朱天順, 上海人民出版社, 1987年 제1판 62쪽.

지냈으며, 화장火葬과 합묘장合墓葬(합묘장은 많게는 열 명 정도였다) 등이 있었다. 장례가 다양해지자, 수장품 역시 확연히 많아졌는데, 수장품은 대체로 생전에 사용한 물건이었다. 그리고 동일한 묘에서는 시신의 얼굴이 모두 동일 방향으로 향했다. 이처럼 다양한 장례 방식과 수장품에서, 이미 당시 사람들의 귀신 관념이 복잡하게 변하였음을 알 수 있다.

상주商周 이후에는 귀신숭배가 더욱 크게 유행했다. 귀신관념과 장례의식은 다양해지고 그 영향도 매우 광범위해졌다. 당시 사람들은 특히 묘지의 방향과 시체를 놓는 방향을 중시하였을 뿐만 아니라, 아내와 첩을 남편과 함께 순장殉葬하고 노예와 주인을 함께 순장殉葬했다. 사람들은 귀신에도 좋은 것과 나쁜 것이 있어서, 그들이 사람들의 화와 복을 결정한다고 생각했다. 그래서 그들은 악귀와 역귀疫鬼를 두려워하면서도, 비상한 능력을 가진 신령으로 숭배하며 받들었다. 상주商周시대의 장례는 날로 복잡해지면서 나날이 중요해졌다. 이들은 형식적으로 초혼招魂, 보상報喪, 곡령哭靈, 험시驗尸, 빈시殯尸, 전제奠祭, 출장出葬, 상기수효喪期守孝 등을 포괄했다. 그리고 각종 제사나, 귀신을 쫓거나, 사악한 것을 피하는 것 등의 미신활동 역시 점차 보편화되었다.

귀신숭배에서 출발한 조상숭배는 그 숭배대상 역시 본질적으로 귀신이다. 그러나 조상숭배는 특정한 귀신을 숭배한다는 특수성을 지닌다. 우선 통상적인 귀신숭배는 숭배자와 귀신 사이에 아무런 관계가 없다. 그러나 조상숭배는 귀신과 숭배자 사이에 혈연이라는 특수한 관계가 존재한다. 다음으로 귀신숭배의 대상은 일반적으로 고정되어 있지 않고 제사 역시 자의적으로 결정하여 행한다. 그러나 조상숭배는 그 대상이 고정되어 있고 제사 활동도 정기적으로 거행된다.

조상숭배의 역사는 오래되었지만, 그것의 발생과 발전은 사회변화에 따라 변했다. 처음 행해진 원시 조상숭배는 씨족 공동의 조상을 숭배하는 것이었고, 이후 이것은 씨족연합의 공동조상 숭배로 변했다. 가정의 발생에 따라 가정조상 숭배도 출현했다. 씨족과 부락의 조상숭배에는 혈연관계라는 사실 외에도, 강렬한 신화적 색채와 공동 이익의 추구라는 목표가 함께 존재했다. 씨족 제사에서는 죽은 모든 조상의 영혼을 숭배 대상으로 삼을 수가 없었기 때문에 씨족에 중대한 영향을 미친 인물들만 제사했다. 이를테면 씨족의 추장이나 각종 신화와 전설 속의 인물 등이다. 그러므로 이러한 귀신들은 권위와 위엄의 대상이 되면서 씨족 안전의 책임자로 숭배됐다. 하족夏族, 상족商族, 주족周族은 신화 전설 속의 영웅인 황제, 제곡帝嚳, 곤鯀, 직稷 등을 조상으로 받들어 숭배했다.[11] 여기서 조상 숭배의 진정한 목적이 씨족의 이익과 안전에 있었음을 알 수 있다.

계급사회 진입 이후, 노예주 계급은 씨족 조상에 대한 제사권을 마음대로 조정했다. 아울러 노예정치를 유지하기 위한 통치수단으로써 이것을 이용하기 시작했고, 각 계급의 차이에 근거하여 조상숭배에 대한 제한을 두었다. 이에 조상숭배 형식은 더욱 복잡해지고 다양해졌으며 그 영향도 더욱 광범위해졌다. 주대周代의 제사제도는 등급이 매우 엄격하여 천자, 제후, 대부, 선비, 서인 등은 각자의 지위와 신분에 따라 제사를 드렸다. 이를 통해 조상숭배의 신성성과 장엄함이 강조되었는데, 결국 이것은 노예제 사회에서의 계급 질서가 반영된 것이다.

조상숭배는 본질적으로 귀신숭배의 일종으로, 이것이 중국전통 문화에 끼친 영향은 매우 컸다. 몇 천 년 동안 중국 노예사회와 봉건사회 속에서 조상숭배는 중국 민간종교미신의 기본형식이 되었다.

도교의 귀신사상은 직접적으로 고대의 귀신관념을 계

11) 황제, 제곡 등의 신화 인물이 하족, 상족, 주족의 공동조상이냐 아니냐는 중요치 않다. 중요한 것은 조상 숭배는 반드시 혈연관계를 기초로 한다는 것이다.

승했다. 도교에 존재하는 많은 귀신이야기와 고대에 이루어졌던 귀신숭배는 결국 일맥상통한다.

2. 고대의 신화전설

신화전설은 유구한 중국역사 속에서 민족 문화의 일부분을 이루었고, 중화민족 전통문화의 찬란한 업적을 창조하는 데 기여했다. 그리고 그 깊은 철학적 이치로 사람들에게 관심의 대상이 되었고, 지금도 여전히 많은 사람들의 마음과 시선을 끌고 있다. 반고盤古가 천지를 창조하고, 여와女媧가 하늘을 덮고, 대우大禹가 물을 다스리고, 신농神農이 약초를 보았다는 신화들은 몇 천 년 동안 민간에 널리 전해지면서 중화 민족의 용맹과 근면과 지혜를 상징했다.

풍부한 중국의 신화전설은 모두가 조상숭배의 산물이다. 조상숭배의 발전과정 속에서, 몇몇 씨족의 걸출한 인물이나 전설 속의 인물들이 신격화됐다. 동시에 그 영향이 점차 확대되면서 제사 때 숭배하는 인격신령이 되었고, 이로부터 복잡하고 다양한 중국 고대 신의 계보가 형성되었다.

신화전설을 역사적 순서로 볼 때[12], 가장 오래된 신령은 반고盤古다. 그는 천지 만물을 창조한 인물이다. 반고의 전설과 관련되어『태평어람太平御覽』권2에서는『삼오역기三五歷紀』를 인용하여 다음과 같이 언급하고 있다.

> "천지가 혼돈하여 마치 계란 같았는데, 반고가 그 속에서 태어났다. 만 팔천 년이 지나 천지가 개벽하여, 밝고 맑은 것은 하늘이 되고, 어둡고 탁한 것은 땅이 되었다. 반고는 그 속에 있으면서 하루에 아홉 번 변하여 하늘에 신, 땅에 성인聖人이 되었다. 하늘은 하루에 일장씩 높아지고, 땅은 하루에 일장씩 두터워졌으며, 반고는 하루에 일장씩 자라났다. 이와 같이 만 팔천 년이 지나 하늘은 매우 높아졌고, 땅은 매우 두터워졌으며, 반고는 매우 커졌고, 그런 뒤에 삼황三皇이 있었다. 天地混沌如鷄子 盤古生其中 萬八千歲 天地開闢 陽淸爲天 陰濁爲地 盤古在其中 一日九變 神於天 聖於地 天日高一丈 地日厚一丈 盤古日長一丈 如此萬八千歲 天數極高 地數極深 盤古極長 后乃有三皇"

삼황은 반고 이후에 있었다. 그러나 이것으로만 보면, 반고와 천지의 혼돈이 같고, 천지와 반고가 동시에 존재했지만, 누가 누구를 창조했는지 알 수 없다.『술이기述

12) 신화전설의 역사적 순서와 신화전설이 본래 나온 순서는 매우 흥미로운 문제다. 일반적으로 말해서 늦게 나온 신화일수록 그 속에 등장하는 신화 인물들이 역사적으로 오래되거나, 더 일찍 출현한 인물들이다. 고힐강顧頡剛선생은 이것에 대하여 아주 치밀하게 논술하였다.

異記』와 『오운역연기五運歷年記』에서는 반고가 천지 만물을 창조한 것을 자세히 설명하고 있다. 반고가 천지만물을 창조한 것은 살아 있을 때가 아니고 죽은 뒤였다. 반고가 죽은 뒤 그 거대한 시체는 만물로 변했는데, 그의 왼쪽 눈은 태양으로 변했고, 오른쪽 눈은 달로 변했다. 바람, 구름, 천둥, 번개, 산악, 하천, 쇠, 돌, 나무, 풀 등은 모두 그 몸의 각 부분이 변하여 만들어졌다. 즉 그의 사지와 피부와 살, 모발, 혈액, 골수, 땀이 변화되어 세상 만물이 이루어진 것이다.

반고의 천지개벽 이야기는 만물 생성의 철학적 사고를 신화 형식에 비춰 말한 것이다. 이것이 중국문화에 미친 영향은 매우 컸는데, "반고의 천지개벽과 삼황오제를 거쳐 지금처럼 되었다.自從盤古開天地 三皇五帝到如今"는 말이 민간에 널리 전해졌다. 반고가 천지만물을 창조했으니 사람들은 당연히 반고를 제사하고 존중하게 되었다.

반고 이후에는 삼황三皇이 있다. 즉 천황天皇인 수인씨燧人氏, 지황地皇인 신농씨神農氏, 인황人皇인 복희씨伏羲氏 등이다.[13] 수인씨는 전설 속에서 인공적으로 처음 불을

---

13) 삼황은 다양하게 구성되어 말해진다. (1) 천황, 지황, 태황泰皇 (2) 천황, 지황, 인황 (3) 복희, 여와, 신농 (4) 복희, 신농, 축융祝融 등이다.

만든 인물이다. 수인씨가 불을 취한 전설을 한비자가 쓴 『오두五蠹』에서 보면 다음과 같다.

> "상고시대에, … 과일과 많은 열매, 꿀, 조개, 비린내와 누린내의 악취가 나는 것을 먹고 배와 위에 탈이 생겨 많은 사람들이 병에 걸렸다. 성인이 나무를 뚫어 불을 만들자 악취가 없어지고 이에 사람들은 기뻐했다. 그가 천하의 왕이 되었고, 그를 수인씨라 칭했다. 上古之世 … 民食果蓏蜂蛤 腥臊惡臭 而傷害腹胃 民多疾病 有聖人作 鑽燧取火 以化腥臊而民說之 使王天下 號之曰燧人氏"

수인씨는 상고 시대 어느 부락의 수령이었을 것이다. 왜냐하면 그는 사람들이 나무를 마찰해 불을 얻어 음식물을 익혀 먹도록 함으로써, 사람들이 생고기를 먹고 피를 마시는(茹毛飮血) 식습관을 종결시키고, 그들의 생활방식을 변화시키는데 커다란 영향을 발휘했기 때문이다. 그래서 그는 사람들의 존경과 숭배를 받았고 마침내 신령으로 숭배되었다.

하지만 이러한 생각과는 달리, 옛사람들은 누가 나무를 뚫어 불을 만들었는지 알지 못했다. 불의 발명은 매우 중요한 것으로, 이로부터 각종 전설이 나왔으며 최후엔 나무를 뚫어 불을 얻은 이로서 수인씨가 지목되어, 자연스럽게 그가 신령으로 변하게 되었는지도 모른다.

복희씨 전설의 기원은 매우 오래되었고, 그를 지칭하는 말도 매우 많았다. 중국 고적 중에 있는 포희包犧, 포희庖犧, 포희炮犧, 복희宓犧, 복희伏戲, 희황犧皇, 희황羲皇 등은 모두 복희씨의 또 다른 명칭들이다.

복희와 관련된 신화도 매우 많다. 최초의 전설에서 복희씨는 어렵신漁獵神이었다. 그는 고기 잡는 방법과 수렵 도구를 발명하고, 사람들에게 그물 만드는 것을 가르치고 목축을 가르쳤다. 그 후 이러한 전설에 다른 내용들이 더 보태져 복희가 인류의 시조로 받들어지게 되었다. 인류는 복희와 여와女媧 남매의 결혼으로 생겨난 산물이다. 또 전하는 바에 의하면 복희는 팔괘八卦를 창시한 사람이다. 『역易·계사전系辭傳』에서는 다음과 같이 말한다.

> "옛날에 포희씨는 천하를 다스리며 우러러 하늘의 상을 보고 아래로 땅의 법을 보고 새나 짐승의 문양과 땅의 알맞음을 보고 가깝게는 몸에서 취하고 멀게는 사물에서 취해 팔괘를 만들어 신명의 덕에 통하여 만물의 내용을 구분해 놓았다. 古者包羲氏之王天下也 仰則觀象於天 俯則觀法於地 觀鳥獸之文 與地之宜 近取諸身 遠取諸物 於是始作八卦 以通神明之德 以類萬物之情"

복희씨가 사람들에게 그물 만드는 방법을 가르쳐 준 것에서부터 '팔괘를 만들고 作八卦', '천하를 다스림 王天下'

에 이르기까지 시간이 흐르면 흐를수록, 사람들 사이에서 그의 신성성은 오묘해지고 그 영향은 커졌으며, 최후엔 점복占卜의 신일뿐만 아니라 제왕통치의 권위를 가진 신으로 추앙되었다.

삼황三皇 가운데 마지막 인물은 바로 신농씨神農氏다. 전설에서는 복희씨가 죽은 뒷자리를 신농씨가 물려받았다. 『역易·계사전系辭傳』에서는 다음과 같이 말한다.

> "복희씨가 죽고 신농씨가 나왔다. 나무를 베어 보습을 만들고, 나무를 휘어 쟁기를 만들고, 쟁기를 사용하여 김을 매는 이로움을 천하에 가르쳤다. … 한낮에 시장을 세워 천하의 백성들이 오고 천하의 재물이 모이고 교역하게 하여 각기 그 이익을 얻게 되었다. 包羲氏沒 神農氏作 斫木爲耜 揉木爲耒 耒耨之利 以敎天下 … 日中爲市, 致天下之民, 聚天下之貨, 交易而退, 各得其所"

복희씨는 백성들에게 사냥과 고기 잡는 법을 가르쳤고, 신농은 농기구를 발명하고 백성들에게 농사짓는 방법을 가르쳤으며 무역을 가르쳐 물품이 서로 통하게 했다. 농업과 무역의 출현은 인류의 생산과 생활에 많은 영향과 가치를 남겼다. 신농은 분명히 옛 사람들이 농업을 찬미하고 즐거워하는 가운데 신성시된 인물이다. 신농은 사람들에게 존경을 받았고, 아울러 신령으로 광범위하게 숭배되었다. 신화학神話學의 측면에서 보면 이것은 나름대로 이유가 있다.

신농의 신화는 매우 많다. 그가 농업방면에서 신농神農이 된 것을 제외하고도 가장 잘 알려진 이야기는 신농이 많은 풀을 맛보았다는 것이다. 이것은 의약 발명으로, 의약 신의 전설이 되었다. 그밖에도 사람들은 신농에게 적지 않은 신성성을 더했다. 즉 그가 64괘를 발명하고 오현금五弦琴 등을 발명해서, 후세 사람들은 신농을 농사와 의약의 신뿐만 아니라 상업, 의사, 약사, 무사巫師, 대장장이로서 일상과 관련된 신으로 받들어 모셨다.

삼황의 뒤를 이어 오제五帝가 나타났다. 오제는 전국시기 '오덕종시五德終始' 학설의 허구에서 나온 다섯 천제天帝다.

『주례周禮·천관天官·대재大宰』에서는 "오제를 제사 지낸다祀五帝"라고 기록되어 있다. 당唐 가공언賈公彦의 주석에 따르면 "오제는 동쪽의 청제 영위앙, 남쪽의 적제 적표노, 중앙의 황제 함추유, 서쪽의 백제 초거, 북쪽의 흑제 즙광기五帝者, 東方青帝靈威仰, 南方赤帝赤熛怒, 中央黃帝含樞紐, 西方白帝招拒, 北方黑帝汁光紀"[14]라고 말한다. 전국시기에

14) 오제五帝의 전설은 하나가 아니다. 사마천司馬遷의 『사기史記』에서 오제는 황제黃帝, 전욱顓頊, 제곡帝嚳, 당요唐堯와 우순虞舜이다. 그

는 음양오행설陰陽五行說의 영향이 매우 컸다. 오행으로 색과 신명을 나누고 방위를 나눈 '이수위오以數爲五'도식이 광범하게 유행했다. 오행은 수화금목토水火金木土, 오색은 청적황백흑靑赤黃白黑, 다섯 위치는 동남서북중東南西北中, 다섯 소리는 궁상각치우宮商角徵羽, 다섯 맛은 시고, 쓰고, 달고, 맵고, 짜고酸苦甘辛鹹 그리고 그 외에 오칙五則, 오성五星, 오신五辛 등이 있었다. 소위 청제靑帝, 적제赤帝, 황제黃帝, 백제白帝, 흑제黑帝인 오제五帝는 음양오행에 기초한 '오덕종시五德終始'의 허구적 산물이다. 다섯 천제天帝가 출현한 근본 원인은 선진시기 제왕들의 정치적 필요에 있다. 즉 자기와 혈연관계가 있는 신령을 이용하여, 통치의 신성성과 합법성을 밝히려 했기 때문이다. 이에 대해 주천순朱天順 선생은 다음과 같이 말하였다.

"황제는 앞서 서술한 사회적 요구를 반영한 허구적 인물로, 여기에는 당시 통치적 역량을 지녔던 음양오행철학이 작용하였다. 그들은 수水는 화火를 이기고, 화는 금金을 이기며, 금은 목木을 이기고, 목은 토土를 이기고, 토는

리고 『예기禮記·월령月令』에서는 복희伏羲, 염제炎帝(농신農神), 황제黃帝, 소호少皞, 전욱顓頊이 오제五帝이고, 『상서서尙書序』와 황보밀皇甫謐의 『제왕세기帝王世紀』에서는 소호少皞, 전욱顓頊, 제곡帝嚳, 당요唐堯, 우순虞舜이 오제五帝다.

수를 이기는 오행상극의 순서에 따라 선진시기의 모든 조정을 배열했다. 그들은 진秦은 수덕水德이고, 색은 흑에 속하며, 주周는 화덕火德이며 색은 적이고, 은상殷商은 금덕金德이고 색은 백이며, 하夏는 목덕木德이고 색은 청이라고 생각했다. 다시 위의 왕조로 올라가면 그 왕조는 토덕土德이고 색은 황이 된다고 생각했다. 황제라는 명칭은 아마도 이러한 것에서 취한 것이다. 『사기史記·봉선서封禪書』에 있는 글이 이러한 사실을 증명한다. '진시황은 천하를 아우르고 제후가 되었다. 혹자는 말했다. 황제는 토덕을 얻어 황룡이 보였다. 하나라는 목덕을 얻어 청룡이 도성 밖에 이르렀고 풀과 나무가 무성했다. 은나라는 금덕을 얻어 은이 산에 넘쳤고, 주는 화덕을 얻어 (주나라에) 붉은 까마귀가 있었던 것이 이를 증명한다. 이제 진나라가 주를 범하니 수덕의 시기이다秦始皇旣并天下而帝 或曰 黃帝得土德 黃龍地螾見 夏得木德 青龍止於郊 草木暢茂 殷得金德 銀自山溢 周得火德 有赤烏之符 今秦變周 水德之時'"[15]

이로 미루어 볼 때 '오덕종시五德終始'는 선진시기에 어느 정도 권위를 가진 채, 역대 통치자들에게 합법성을 제공하는 이론적 기초가 되었다.

오제五帝 가운데 영향력이 가장 컸던 것이 황제다. 황제의 전설 중에서 가장 오래되고 가장 권위 있는 기록이

15) 朱天順, 『中國古代宗教初探』, 233쪽.

사마천의 『사기史記』에 실려 있는데, 『사기史記·오제본기五帝本紀』를 보면 다음과 같다.

"황제는 소전少典 부족의 자손으로, 성은 공손公孫이고 이름은 헌원軒轅이다. 나면서부터 신령스러워 어려서 능히 말을 할 줄 알았고, 어리나 성인들과 같은 수준이었고, 성장하며 영민해졌으며, 나이 들어 총명했다. 헌원이 세상에 출현했을 때 신농씨의 세상은 쇠퇴하고 있었다. 제후들은 서로 침략하고 백성들에게는 포악했는데 신농씨는 이를 통제할 수 없었다. 그리하여 헌원은 병사들을 훈련하여 포악한 짓을 서슴지 않는 것들을 정벌하여, … 제후들 모두는 귀속했다. 헌원은 덕으로써 군대를 일으키고, 오기五氣를 다스리고, 다섯 가지 씨앗을 뿌리고, 많은 백성들을 어루만져주고, 사방을 다스리고, 곰, 큰곰. 비貔휴貅, 추貙, 호랑라고 명명한 이들을 가르쳐 염제炎帝와 판천阪泉의 뜰에서 싸웠다. 세 번 싸운 뒤 그 뜻을 알았다. 치우蚩尤가 난동을 부려 제帝의 명령이 소용없었다. 그래서 황제는 제후들을 정복하고 치우와 탁록濯鹿의 뜰에서 싸워 치우를 잡아 죽였다. 제후들은 헌원을 천자로 받들었고 신농씨를 대신해 황제가 됐다. 그는 천하에 따르지 않는 자는 정벌하고, 평정된 곳은 그냥 지나쳤다. 산을 개발하고 도로를 뚫어 편히 쉴 날이 없었다. … 관직 이름은 모두 구름雲에 비유하여 명명했다. 그래서 군대를 운사雲師라 불렀다. 좌우에 대감大監을 놓고 여러 나라를 감독했다. 천하가 태평스러우면 귀신과 산천에 제사를 드리는 것이 많았다. 보배스러운 정鼎을 획득하고, 해를 우러러 계책을 세웠다. 바람과 토지의 신을 받들고, 목축에 힘쓰고, 늘 앞서며, 불을 조절함으로써 백성을 다스렸다. 천지가 순조롭게 정돈되자 어둡고 밝은 점占이 삶과 죽음을 말하고 존망의 어려움을 점쳤다. 때에 맞추어 씨 뿌리니, 오곡백과가 풍성하고 날짐승과 들짐승과 누에가 많아지고, 일월성신이 널리 잘 운행되고, 토석금옥土石金玉이 흘러넘치고, 끊임없이 마음을 다해 연구하고 실천하니 물과 불, 땔감과 재료들을 아끼게 되었다. 토덕土德의 상서로움이 있게 되니, 그를 황제라 칭하게 되었다黃帝者, 少典之子, 姓公孫, 名日軒轅. 生而神靈, 弱而能言, 幼而徇齊, 長而敦敏, 成而聰明. 軒轅之時, 神農氏世衰. 諸侯相侵伐, 暴虐百姓, 而神農氏弗能征. 於是軒轅乃習用干戈, 以征不亨, … 諸侯咸歸軒轅. 軒轅乃修德振兵, 治五氣, 蓺五種, 撫萬民, 度西方, 教熊貔貅貙虎, 以與炎帝戰於阪泉之野. 三戰, 然後得其志. 蚩尤作亂, 不用帝命. 於是黃帝乃征師諸侯, 與蚩尤戰於涿鹿之野, 遂禽殺蚩尤. 而諸侯咸尊軒轅爲天子, 代神農氏, 是爲黃帝. 天下有不順者, 黃帝從而征之, 平者去之, 披山通道, 未嘗寧居. … 官名皆以雲命, 爲雲師. 置左右大監, 監於萬國. 萬國和, 而鬼神山川封禪與爲多焉. 獲寶鼎, 迎日推筴. 擧風後 力牧 常先 火鴻以治民. 順天地之紀, 幽明之占, 死生之說, 存亡之難. 時播百穀草木, 淳化鳥獸蟲蛾, 旁羅日月星辰水波土石金玉, 勞勤心力耳目, 節用水火材物. 有土德之瑞, 故號黃帝"

사마천의 기록은 서한 이전부터 민간에 전해 내려오던 황제의 신화를 정리한 것이다. 사마천의 기록에 따른다면 황제는 조상숭배의 산물이다. 황제는 인격신령으로 간주되었는데 그의 영웅적인 업적, 초인적인 재능과 지혜는 서로 관련을 맺는다. 그는 염제炎帝를 이기고, 치우蚩尤를 죽이면서 각 지역 제후들을 심복시켰고, 이어 부락 연맹의 최고 통치자가 되었다. 그는 반란을 진압해 민심을 안정시켰으며, 기강을 바로잡으면서 사방을 교화敎化했다. 그는 '유명지점幽明之占'을 잘하여 미래의 길흉화복을 미리 알 수 있었다. 그는 '오기를 다스리는 것治五气'과 '다섯 종류의 씨앗을 뿌려 농사짓는 것 蓺五種'을 신기하기 이를 데 없이 잘했다. 그리고 그는 새, 짐승, 벌레, 나방 등을 길들일 수 있었고, 일월성신과 토석금옥土石金玉을 지배할 수 있었다. 이와 같이 비교할 수 없는 신성함 외에도, 적지 않은 신화와 전설 속에서 의복, 주거, 활과 화살을 발명했다고 한다. 그는 의학의 시조이고, 병법의 창시자이며, 능히 귀신을 지배할 수 있는 점복占卜의 대사大師로서 역사歷史의 신이고, 천자天子이자 제후의 신으로 하, 은, 주 삼대의 천자와 제후가 공동으로 숭배하는 조상신이 되었다.

결론적으로 그는 중국 고대 신들 가운데 가장 널리 숭배를 받았고, 그 신통은 광범위했으며, 그 영향력은 크고 깊었다. 중화 민족이 지금도 '염황炎黃의 자손'이라고 자칭하는 것에서 우리는 선진 시기 황제 숭배의 영향이 크고, 그 시간도 길었음을 알 수 있다.

여와女媧는 민간에 널리 알려진 고대의 신 가운데 하나다. 여와의 전설은 많다. 그 중 가장 잘 알려진 신화는 여와가 오색 돌을 구워서 하늘을 메우고, 황토로 사람을 만들었다는 내용이다. 여와가 하늘을 메운 신화는 『회남자淮南子·남명편藍冥篇』에 다음과 같이 기록되어 있다.

> "아주 오래 전에 사극四極이 부서지고 세상이 갈라졌다. 하늘은 천하를 덮지 못하고 땅은 천하를 담지 못했다. 세차게 타오르는 불은 없어지지 않았고, 가득 차서 넘치는 물은 멈추지 않았다. 사나운 뭍짐승은 사람을 잡아먹고, 날짐승은 늙고 약한 것들을 해치웠다. 이에 여와가 오색 돌을 다듬어 하늘을 바로 세우고, 자라의 다리를 잘라 사극을 세우고, 흑룡을 죽여 기주를 구하고, 갈대의 재를 쌓아 홍수를 막았다. 하늘이 서고, 사극이 바로 되고, 홍수가 마르고, 기주가 평평해지고, 사나운 벌레들이 죽고, 사람들이 태어나고 … 往古之時, 四極廢, 九世裂, 天不兼覆, 地不周載, 火爁焱而不滅, 水浩洋而不息, 猛獸食顓民, 鷙鳥攫老弱. 於是女媧煉五色石以補蒼天, 斷鱉足以立四極. 殺黑龍以濟冀州, 積蘆灰以止淫水. 蒼天補, 四極正, 淫水涸, 冀州平, 狡蟲死, 顓民

生 ……”

여와는 하늘이 붕괴되고 땅이 갈라진 시절에 신력神力을 사용하여 재난을 멈추고, 물과 불의 재난 속에 인류를 구하여, 고통의 심연 속에 빠져있던 인류를 거듭나게 했다. 여와가 사람을 만든 것에 관해서 『태평어람太平御覽』에서는 『풍속통의風俗通義』를 인용하여 다음과 같이 말했다.

> “속설에 의하면 천지가 개벽하고 아직 사람이란 것이 없어 여와가 황토黃土를 뭉쳐 사람을 만들었다. 쉴 틈 없이 힘을 다하자, 마침내 진흙 속에서 줄줄이 사람을 건져 올렸다. 俗說天地開闢, 未有人民, 女媧摶黃土作人, 劇務力不暇供, 乃人絙于泥中, 擧以爲民”

『회남자』는 서한西漢때 유안劉安이 편찬한 책이다. 『풍속통의』는 동한東漢때 응소應劭가 편찬한 책이다. 여와의 신화 전설은 일찍이 전국시대에도 널리 전해졌다. 초楚나라의 대시인인 굴원屈原은 『천문天問』에서 “여와는 신체가 있는데 누가 그를 만들었는가? 女媧有體, 孰制匠之”라고 의문을 제기한다. 여와의 전설은 적어도 전국 중기 이전에 발생되었다고 본다. 동한 시대 제일의 『초사楚辭』 주석자인 왕일王逸이 말하길 “전설에 의하면 여와는 사람 머리에 뱀의 몸을 하고 있고, 하루에도 70번 변한다. 傳言

女媧人頭蛇身, 一日七十化"고 했다. 여기서 '화化'라는 것은 '만물을 길러내는 화육化育'을 의미한다. 허신許身의 『설문해자說文解字』에는 "여와는 옛날의 여신으로, 만물을 기르는 자이다. 媧, 古之神女也, 化萬物者也"라고 했다. 사람 머리에 뱀의 몸을 가진 여와는 하늘을 돕고 사람을 만들며, 만물을 길렀다. 이와 같은 그의 공적으로 인해, 여와는 중국 고대신화 속의 위대한 여신이 되었다.

우禹는 중국 고대 신화전설에서 가장 유명한 인물이다. 그에 관한 전설은 비교적 일찍부터 전해져왔고, 그 내용도 풍부했다. 중국의 초기 전적인 『상서尙書』, 『시경詩經』, 『국어國語』, 『초사楚辭』 및 『묵자墨子』 등에는 그와 관련된 다양한 기록이 전해온다. 그러나 그 내용은 조금씩 다르다. 『회남자淮南子·수무편修務篇』에는 "우는 돌에서 태어났다. 禹生於石"라고 기록되어 있고, 『산해경山海經·해내경海內經』에는 "제는 축융에게 명하여 우교에서 곤을 죽였으나, 곤은 다시 우로 태어났다帝令祝融殺鯀於羽郊, 鯀復生禹"고 적혀 있는데, 이것은 우가 바로 곤의 시체에서 태어났다는 것을 말한다.

신화화된 우의 가장 위대한 공적은 홍수를 관리해서 수재水災를 잘 평정한 것이다. 『맹자孟子·등문공상滕文公

上』에는 "요임금 때는 천하가 아직 평정되지 못해, 홍수가 나서 천하에 범람했다. 초목이 무성하고 금수가 번성했으며, 오곡이 익지 않고 금수가 사람을 핍박했다唐堯之時, 天下猶未平, 洪水橫流, 泛濫於天下. 草木暢茂, 禽獸繁殖, 五穀不登, 禽獸逼人"고 되어 있다. 『등문공하滕文公下』에는 "요임금 때, 물이 역류하면서 중국에 물이 범람하자, 뱀과 용이 그곳에 머물러 백성들이 안정할 곳이 없게 되었는데, … 우에게 이것을 다스리게 하자, 우는 땅을 파서, 그 물을 바다로 흘러 들어가게 했고, 뱀과 용을 몰아내어 습지로 가게하고, 물을 땅속으로 통과하게 했으니 장강, 회수, 황하, 한수가 이것이다. 험준한 것은 없어지고 사람을 해치는 새와 짐승들이 없어진 뒤에 사람들은 평평한 땅을 얻어 살게 되었다唐堯之時, 水逆行, 泛濫於中國, 蛇龍居之, 民無所定, … 使禹治之, 禹掘地而注之海, 驅蛇龍而放之菹, 水由地中行, 江, 淮, 河, 漢是也. 險阻旣遠, 鳥獸之害人者消, 然後人得平土而居之"는 기록이 있다. 그리고 『산해경山海經·해내경海內經』은 "홍수는 하늘까지 넘쳐흘렀다. 곤이 제의 휴양지를 훔쳐 홍수를 그치게 하려했으나 제의 명을 기다리지 않았다. 제는 축융에게 명하여 우교에서 곤을 죽였지만, 곤은 다시 우로 태어났다. 제는 이내 우에게 명하였고 우는 이것을 따라 흙을 덮어 구주를 안정되게 했다洪水滔天. 鯀竊帝之息壤, 以堙洪水, 不待帝命. 帝令祝融殺鯀於羽郊, 鯀復生禹. 帝乃命禹率布土以定九州"는 기록이 있다. 사마천의 『사기史記·하본기夏本紀』는 우와 관련된 선진시기 학설을 종합하여 비교적 자세히 우의 사적을 정리했다. 그 가운데 우가 자기를 희생하면서 공적인 일들을 행한 것, 인자하고 자애롭고 친근하고 존경스러운 성품, 13년 동안 치수하면서 세 번이나 집 앞을 지나도 들르지 않고 홍수를 통제한 것 등은 사람들에게 많은 감동을 준다. 중국인은 우를 숭배했다. 왜냐하면 그는 신통력을 갖고 있을 뿐만 아니라, 고상한 품격을 지니고 있었기 때문이다. '대우치수大禹治水'의 고사는 몇 천 년 동안 민간에 널리 유전되었다. 과거 사람들은 우왕禹王의 묘를 곳곳에 만들고 그를 받들었다. 지금도 절강浙江 소흥紹興에 있는 거대한 우릉禹陵은, 후세 사람들이 물을 다스린 영웅을 기념하기 위해 세운 것이다.

중국의 고대신화 속에는 등장인물이 매우 많다. 앞서 제시한 반고盤古, 여와女媧, 삼황오제三皇五帝, 대우大禹 등은 비교적 영향이 컸던 인격 신령들이다. 그밖에도 전설 속의 신령들이 또 있다. 예를 들어, 태호太皞, 창의昌意, 후직后稷, 현왕玄王, 공공共工, 치우蚩尤, 축융祝融, 중려重

黎, 아황娥皇, 여영女英, 태세太歲, 마고麻姑, 희화羲和, 상앙相柳, 형천刑天, 과보夸父, 정위精衛, 온신瘟神, 후예后羿, 구천현녀九天玄女, 서왕모西王母, 동왕공東王公 등이다. 신령들은 매우 아름다운 전설들을 가지고 있다. 예를 들면 정위가 바다를 진압하고, 후예가 해를 쏘아 떨어뜨리고, 서왕모의 반도회蟠桃會 같은 이야기들이다. 그러나 상대적으로 그 영향력은 반고, 여와, 신농, 복희, 황제, 대우에 비해 미약했다.

중국 고대의 인격신은 다채롭고 다양했으며, 그들 대부분은 도교에 흡수되었다. 어떤 것은 거의 그대로 흡수되었고, 어떤 것은 많이 변하여 흡수되었다. 천지를 개벽한 반고는 도교에 흡수되면서 반고진인盤古眞人이 되었다.

갈홍葛洪은 『침중서枕中書』에서 다음과 같이 말했다. "반고는 스스로 원시천왕元始天王이라 칭했다. 그리고 이의二儀가 아직 나누어지지 않았고, 해와 달과 천지가 아직 완성되지도 않았는데, 반고는 이미 그전부터 존재했다고 한다. 부상대지扶桑大地(동왕공東王公), 서왕모西王母, 지황地皇, 인황人皇 모두는 반고와 태원성모太元聖母가 기氣를 통하고 정精을 결합해서 태어났다. 그리고 복희, 신농, 축융, 오용씨五龍氏 등은 바로 그의 후예다."

도교에서 공경하는 천황天皇, 지황地皇, 인황人皇도 고대 신화의 삼황三皇(수인씨燧人氏,복희伏羲, 신농神農)에서 응용했다. 도교의 동방창제東方蒼帝 동해군東海君, 남방적제南方赤帝 남해군南海君, 중앙황제군中央黃帝君, 서방백제西方白帝 서해군西海君, 북방흑제北方黑帝 북해군北海君은, 고대 신화의 동방東方의 청제青帝, 남방의 적제赤帝, 서방西方의 백제白帝, 북방北方의 흑제黑帝, 중앙中央의 황제黃帝 등 다섯 천제天帝의 이름이 바뀌어 만들어진 것이다. 이 중에 도교에 영향이 가장 컸던 것은 황제다. 도교는 황제에 관한 전설을 끊임없이 계승했다. 사마천의 『사기史記·봉선서封神書』에 나오는 황제가 신선에게 도를 구하고, 신선과 사람이 함께 노닐고, 마침내 신통하게 되어 신하와 후궁 70여 명이 신선이 되어 돌아갔다는 신화도 계승하면서, 그들 스스로 이야기를 더하고 신선색채를 가미하면서 황제를 꾸미고 치장했다.

『운급질첨雲笈七籤·헌원본기軒轅本紀』에서 황제는 치우蚩尤와의 결전 중에 구천현녀九天玄女의 도움을 얻는데, 구천현녀가 준 병부도책兵符圖策을 가지고 52번 싸워 마침내 치우를 이기고 천하를 통일한다. 이후 황제는 천하의 명산을 두루 노닐며 신선을 찾고 도를 구한다. 그는 공동산崆峒山에 올라 광성자廣成子에게 도를 구하고, 청성

산青城山에 가서 중황장인中黄丈人을 배알하고, 그곳에서 삼황내문三皇內文을 얻고, 운대산雲臺山에 가서 용교경龍蹻經을 얻고, 최후엔 용을 타고 하늘에 올라 다섯 천제天帝 가운데 우두머리가 되어, 마침내 모두를 주재하게 된다.

도교 전적들 중에는 황제라는 이름을 사용한 것이 비교적 많다. 예를 들어 『황제내경黃帝內經』, 『황제음부경黃帝陰符經』, 『황제구정신주경黃帝九鼎神丹經』 등이다. 이로 보아 여러 신중에 황제의 지위가 남달랐음을 알 수 있다.

서왕모西王母는 고대신화에 나오는 여신의 이름이다. 『산해경山海經』은 서왕모를 곤륜산昆侖山에 기거하면서, 표범 꼬리에 호랑이 이빨의 외모를 가진 추하기 비할 데 없는 여신으로, 화장을 좋아하고 전염병, 역병, 재난, 화禍와 오형잔살五刑殘殺을 퍼뜨리는 흉신凶神으로 보았다. 그녀는 반은 인간이고 반은 괴물이었다. 그러나 『목천자전穆天子傳』에서의 서왕모는 주목왕周穆王의 공식연회에 단정한 행동과 장중하며 온화하고 얌전한 자태로, 평화롭게 시를 읊고 부賦를 짓는 말쑥하고 멋스러운 선녀로 등장한다. 또한 『회남자淮南子』에서 서왕모는 장생불사하는 신인神人으로 변형되어 등장한다. 도교의 발전에 발맞추어 서왕모는 도교에서 숭배하는 신선이 되었다. 지괴

志怪소설 『한무제내전韓武醍內傳』에서는 30세 정도의 상냥하고 빼어난 용모를 가진 여신으로 등장한다. 그녀는 3천 년에 한번 익는 반도蟠桃를 한 무제와 반도회蟠桃會에 참석한 여러 신선에게 나눠준 신화로 민간에 널리 알려졌다. 결론적으로 도교에서의 서왕모는 원래의 모습에서 장생불사의 상징으로 각색되어, 많은 신들 가운데 매우 유명한 신선이 되었다. 과거 민간에 왕모낭낭묘王母娘娘廟가 있었는데 이곳에서 사람들은 서왕모를 모셨다. 삼월 초삼일은 서왕모의 탄생일로 도교 궁관 모두에서 재초齋醮의식을 엄숙히 거행하며 이 날을 기념한다.

구천현녀九天玄女는 본래 중국 고대신화전설에 존재했던 여신으로, 그 원형은 새의 몸에 사람의 머리를 가진 현조玄鳥다. 『시경詩經』에는 현조가 은나라 사람들의 시조始祖라는 기록이 있고, 『사기史記』에서는 은나라 조상이 바로 현조의 알에서 태어났다고 전한다. 도교가 출현한 뒤, 도교에서는 구천현녀를 신선 계보에 올리고, 그녀의 생애와 사적을 비석이나 전기에 기록하여 받들고 칭송했다. 그리고 그녀를 봉황과 아름다운 구름을 타고 다니면서, 하늘의 명령에 응하는 영웅들을 도와 천서병법天書兵法을 전수하는 하늘의 선녀로 만들었다.

마고麻姑도 중국 고대신화에 나오는 인물인데, 도교의 과장과 허구화를 통해 신선계보에 올랐다. 갈홍葛洪의 『신선전神仙傳』에서는 마고의 신비함은 하늘에 비길 정도로 쌀을 구슬로 만들고, 동해를 3번이나 뽕밭으로 만들었다고 했다. 도교 신령 가운데 마고麻姑는 장수한 것으로 널리 알려져 있다. 오늘날 강서江西 남성南城현의 마고산麻姑山은 도교 제28 통천洞天으로 여신선 마고가 관리하는 곳이다.

동왕공東王公은 고대신화 속의 남성 신으로, 동화제군東貨帝君, 동왕부東王父 등으로도 불린다.

도교는 동공왕을 개조하여 신선의 우두머리로 만들고 남성 신선들의 명부를 따로 관리하며, 단영丹靈, 황로黃老, 호령皓靈, 현로玄老와 함께 도교의 '오방오로五方五老'로 받들었다. 속세 사람이 도를 얻어 하늘에 오르려면, 반드시 동왕공과 서왕모를 제일 먼저 배알해야 했다.

고대신화에 등장하는 동방의 신인 청룡靑龍, 서방의 신인 백호白虎, 남방의 신인 주작朱雀, 북방의 신인 현무玄武는 도교의 사방사신四方四神으로 흡수되었다. 도교의 여러 신령 중 사방四方 신은 수호신으로서 웅장하면서도 위엄과 권위를 지니고 있다.

이처럼 도교는 중국 고대 신화 속 신령들을 변화시켜, 자신들의 신으로 받아들였다.

3. 무술巫術

과거 무술의 의미는 광범위했고, 그 형식은 천태만상이었다. 도교의 미신적 색채는 주로 중국 고대의 무술에서 기원한다.

초기 인류사회에서 무술은 하나의 보편적 현상이었다. 영국의 유명한 문화인류학자 마리노프스키는 인류가 무능력을 느끼는 데서 무술이 시작되었다고 말했다.[16] 뜻밖의 일을 만나거나 우연한 사건을 당하거나, 혹은 인류의 힘이 미치지 못하는 영역에서 바로 무술이 태어났다는 것이다. 마리노프스키는 "과거 사회에서는 항해와 관련된 무술이 매우 발달하였다"[17]고 말했다. 그 이유는 선원들이 출항에 앞서 각종 기술상의 문제나 조직상의 문제를 해결하고, 사상적으로 충분한 준비를 하였다 해

---

16) Bronisiaw malinowski, 영국 런던 경제 정치학원 교수.(역자 주)

17) 마리노프스키 《문화론》, 費孝通 등 역, 中國民間文藝出版社, 1987년 2월 第一版, 제49쪽.

도 "바람이 불거나 불지 않거나, 순풍이거나 역풍이거나, 하늘이 맑거나 비가 오거나, 물의 흐름이나 암초 등과 같은 것들이 있어, 시도 때도 없이 그들의 상세한 계획과 힘들게 마련한 준비들을 파괴했다. …… 도중에 자주 발생하는 우연한 사건들도 그들의 계획을 졸지에 좌절시킬 수 있었다."18) 그래서 미리 알 길이 없는 길흉의 갈래 길에서나, 무력한 상황 속에서 사람들은 무술에 도움을 청했다.

항해에서 무술로부터 도움을 구한 것처럼, 다른 것들도 마찬가지였다. 마리노프스키는 다음과 같이 지적했다.

> "초기 사회에서의 경제 활동은 직접적으로 매우 절실하게 그들에게 운명의 장난을 느끼게 했다. 수렵, 목축, 농사와 상술한 고기잡이 등이 그러했다. 농업에 의지하여 생활하는 민족은 농업에 대한 지식이 발달했다. 그들은 토질을 알고 경작과 쟁기질과 풀베기와 김매는 것을 알고 비료사용을 알며 종자 고르는 것을 알았다. 그러나 매우 좋은 토지를 얻고 아주 좋은 전답을 얻어 씨를 뿌려도 불행한 일이 발생하는 것이었다. 이유를 알 수 없는 가뭄이나 홍수와 같은 여러 재앙들이 몰아쳐, 매우 잘된 농사 전부를 망치거나 혹은 알 수 없는 곳에서 메뚜기 떼가 몰려

18) 상동, 48~49쪽.

> 와 순식간에 벼이삭 모두를 망치는 것이었다. 어떤 때는 이와 반대로 사람들이 풍년을 기대하지 않으나, 혹시 풍년이 될 지 누가 알겠는가? 흉년과 풍년은 인간의 힘으로 좌우되는 것이 아니다. 맑거나 흐리거나 풍년이 되거나 흉년이 되거나 이것은 하늘의 뜻이고, 인류의 경험과 지식은 여기에 미칠 수 없었다. 그래서 사람들은 무술에 의지하게 되었다."[19]

무술은 인류의 무지에서 나왔기에, 경험으로 처리할 수 있는 것에는 무술이 더 이상 필요하지 않았다. 무술과 과학의 관계는 상호 성쇠의 관계로, 과학이 성하면 무술이 쇠하고, 무술이 성하면 과학이 쇠했다. 초기 인류사회에서는 예측하기 힘든 일이나 무능력한 일들에 대하여 무술에 의지해 대응했다. 무술은 곳곳에서 성행했지만, 결국 생산력의 저하와 지식의 결핍을 초래했다. "사람들이 지식만으로는 처해진 환경과 주어진 기회를 조절할 수 없다고 알게 될 때, 비로소 무술이 존재하게 된다."[20]

무술이란 것은 황당해서 거론할 만한 것이 못 된다. 비를 구하는 데 춤을 이용하고, 재해를 멸하는 데 주문을 외우고, 복을 비는 데 의식을 거행하며, 길흉을 판단

---

19) 상동, 5쪽.

20) 상동, 50쪽.

하는 데 점을 보는 등, 무술은 불가사의하면서도 어리석어 보인다. 그러나 고대사회에서는 말로 표현할 수 없이 묘하고 신비로운 무술이 실제로 많은 역할을 했다. 우선 무술은 사람들의 심리적인 욕구를 만족시켰다. 알 수 없는 미래와 무능력한 현실에서 사람들은 무술활동을 통해 신의 보호를 받을 수 있다고 믿었고, 하는 일마다 모두 잘되고 성공할 수 있다고 생각했다. 당연히 무술은 길한 것을 가져올 수만은 없었다. 그러나 그것은 직접적으로 사람들에게 꿈과 희망을 주고, 두려움과 공포를 제거하며, 사람들의 사기를 드높여, 여러 가지 일들을 정상적으로 진행할 수 있게 도와주었다. 그리고 무술은 사람들이 조직적으로 협조하고 협동하도록 했다. 고대사회의 무술은 나름의 권위를 가지고 있었다. 부락의 우두머리는 무사巫師였고, 전쟁을 포함한 농업, 추수 등 중대한 사회활동 모두는 무술의식에서 결정됐다. 사람들은 무술활동을 통해 조직적으로 단결할 수 있었고, 이로부터 통일적 역량을 구축할 수 있었다. 그래서 고대사회의 안정은 무술을 통해서 유지되었다고 말할 수 있다.

마리노프스키가 말한 무술의 기원과 작용에서, 우리는 무술이 인류 초기사회의 보편적 현상임을 알 수 있다. 무술의 그 필연적인 출현은 중국에서도 예외가 아니었다. 무술은 중국원시사회부터 존재했다. 은주殷周 노예사회에서 진한秦漢 시대까지 무술은 크게 성행했다.

『한서漢書·지리지地理志』에 보면 "초나라 사람들은 무巫를 믿고, 음사淫祀를 중시했다楚人信巫, 重淫祀"고 기록했고, 『사기史記』에는 "하백이 아내를 얻어 결혼을 했다河伯娶婦"고 기록하고 있으며, 굴원屈原의 『구가九歌』에는 무사巫師가 무술로써 신을 즐겁게 하고 신을 받들었다는 기록이 있다. 이로부터 우리는 무술이 삶의 일거수일투족에 중대한 영향을 미쳤음을 알 수 있다.

무술은 중국 고대사회에서 매우 광범위한 영향을 미쳤다. "역사 자료 가운데 제사에 관계된 명당明堂, 합궁合宮, 봉선封禪, 사사祠祀 및 병가의 권모權謀, 형세形勢, 음양陰陽, 기교技巧와 천문天文에서의 역보歷譜, 시귀蓍龜, 오행五行, 잡점雜占, 형법刑法 그리고 의술에서의 의경醫經, 의방醫方, 방중房中, 신선神仙 …… 등등 모두는 무술의 영향을 받았다."[21] 무술의 영향과 고대 사람들의 무술에 대한 미신은 불가분의 관계를 갖는다. 고대에는 무술에 종사하는 남자를 격覡이라 불렀고 여자는 무巫라고 불렀다.

---

21) 『중국종교사상사대강中國宗教思想史大綱』, 왕치심王治心, 상해삼련서점上海三聯書店, 1988년 2월 제1판, 21쪽.

이것들을 통칭하여 무사라고 했다. 그들은 초자연적인 능력을 가지고 있어 능히 귀신과 통할 수 있었다. 그래서 그들은 신에게 사람의 바람을 전할 수 있었고, 또 반대로 신의 뜻을 사람에게 알릴 수도 있었다.

소위 무술이란 것은 일정한 의식儀式 혹은 일정한 방법(예를 들면 춤과 주술呪術 등)을 통해 신과 교통하고, 신령에게 도움을 청하는 것이다. 무술의 종류는 매우 다양해서 꿈을 푸는 것, 신을 내리게 하는 것, 주문을 외우는 것, 부적을 그리는 것, 점성술, 복서卜筮 등이 있었다. 사람들은 무술을 믿고 무술에 의지하면 질병을 치료할 수 있고, 요사스러운 것을 쫓아낼 수 있으며, 험한 것을 편안하게 하고, 재앙을 없애고 복을 부를 수 있고, 농사가 풍년이 들고, 밖에 나가 평안하고 무사하며, 장사가 번창하고, 의혹을 해결하고, 길흉을 판단할 수 있다고 생각했다. 이처럼 사람들은 무술의 신통함이 크고 넓기에 불가능한 것이 없다고 생각했다.

종교에 준하는 무술은, 원시사회 속에서 저절로 형성되었다. 고대 노예사회 속의 무술은 하나의 의식형태로서 노예주계급의 정신적 지주와 통치 도구로 사용되었다. 은주 시내 신권神權은 무사의 손에 있었다. 무사는

'서筮'와 '복卜'을 사용하여 신의 뜻을 사람들에게 전달했다. 형식상 신권은 왕권보다 높아, 국가에 어떤 큰일이 생기면 서筮와 복卜에서 구하고 물었으며, 반드시 무사의 제사와 기도를 통하고 난 뒤 여러 일들을 결정했다. 은주 시대 제왕은 곧 대무사大巫師였다. 그들은 종교, 정치, 군사의 대권을 한 몸에 지녔다. 무왕武王이 주紂왕을 벌한 것도 무술행위를 통한 천명을 얻어 행한 것이다. 요컨대 은주 노예사회에서는 무술巫術의 영향이 매우 컸으므로, 무술이 사회의 모든 것을 좌우하고, 가장 강력한 지배력을 형성했다.

노예제의 붕괴로 무사의 지위는 점차 하락하게 되었지만, 무술과 같은 미신은 계속 답습되어 내려왔고, 그 가운데 일부는 도교에 흡수되었다. 도교의 미신적 요소는 바로 고대 무술에서 온 것이다. 도교에서 부적을 그리고 주문을 외우는 것, 점을 치며 신을 부르는 것, 점으로 사람의 명을 아는 것, 사람의 병을 치료하는 것, 귀신에 제사 드리거나 귀신을 쫓아 물리치는 것 등, 이 모두는 고대무술에서 온 것이다. 도교의 미신과 고대의 무술은 일맥상통한다. 단지, 무술과 비교해 형식적으로 좀더 복잡해지고 다양해졌으며 고정되었다는 것이 바뀌었을 뿐이다.

4. 신선관념과 신선의 추구

신선관념은 도교의 기본관념으로서, 도를 얻어 신선이 되는 것은 도교의 이상이었다. 도교의 기원과 추구에서 보면, 중국 고대의 신선관념은 도교의 중요한 기원 가운데 하나다.

현재로서는 신선관념이 언제 시작되었는지 정확히 알 수 없다. 그러나 '신선神仙'이라는 것이 기본적으로 함축하고 있는 '불사不死'와 '승천昇天'이라는 의미에서 보면, 신선관념은 사람의 본능적인 충동에 근거하는 것으로서 삶과 죽음과 관련된 인간의 형이상학적 사고와 관련된다.

생명은 어떤 의의가 있는가? 인생은 가치가 있는가 없는가? 이런 문제의 대답을 위해서는 반드시 영원과 불후라는 말이 언급되어야 한다.

종교적인 측면에서 볼 때 영원에는 두 가지 종류의 것이 있다. 하나는 영혼靈魂이 죽지 않고 불후한 것이고, 하나는 육체가 신선이 되어 장생불사하는 것이다. 중국

인은 기독교처럼 영혼불후의 관념보다 육체불후의 이상을 꿈꿔 왔다.[22)]

일반적으로 사람들은 늘 건강장수하기를 희망한다.(물론 사람이 만약 고통을 받는다면 되도록 빨리 생명을 마치기 위해 자살하는 경우도 있을 것이다.) 건강장수와 장생불사는 당연히 모든 사람들의 희망이지만 얻을 수 없는 꿈이다. 장생불사와 비교해서 재물, 권세, 명예 등의 희망은 그 정도가 미약하다. 왜냐하면 사람이 죽으면, 모든 것이 끝나기 때문이다. 이런 의식 속에서 불사不死는 절대적인 가치를 가진다. 그러나 장생불사는 허망한 것으로, 이론적으로 성립되기 힘들고, 경험적으로도 그 예를 찾기가 어렵다. 장생불사는 환상에 지나지 않으므로, 환상과 욕망에 빠져 장생불사에 마음을 빼앗기는 것은 헛된 추구이자 희망이다. 그러나 이런 헛된 추구가 사람의 마음을 흥분하게 하였고, 중국에서는 이러한 것들이 생생한 역사적 사실이 되어 전해 내려오고 있다.

신선은 아름답고 좋은 것이다. 신선관념은 전국시대에도 사람들의 마음속에 깊이 자리잡고 있었다. 『장자莊

22) 장생불사는 도교의 기본관념이다. 이것과 기독교의 '영혼불후靈魂不朽', 그리고 불교의 '열반적정涅槃寂靜'은 서로 다르다. 이 차이에는 사회적, 심리적 원인이 복잡하게 관련되므로, 이 책에서 따로 거론하지 않겠다.

子』와 『초사楚辭』같은 선진시대 책들을 통해서, 당시 이미 신선관념이 널리 유행했고 신선이란 것이 인간들이 존경하고 추구하는 대상이었음을 알 수 있다.

장자莊子는 정신적으로 홀로 우뚝 서 있는 뛰어난 사상가였다. 그는 세상을 향해 화도 내고, 세속을 질투하기도 했다. 그는 초연히 홀로 서서 본성에 감정을 맡기고, 구속되지 않은 채 자유로이 세상을 거닐었다. 그리고 그는 세속의 가치 관념을 부수고, 부의 축적과 영예로움, 뛰어난 지혜, 인의충신仁義忠信 같은 것들을 바라거나 얻으려하지 않고, 오히려 이런 것들이 사람의 자유를 제한하고 사람의 참됨과 본성을 파괴한다 생각하며 피했다. 다른 한편으로 장자는 온힘을 다해 이상적인 인격으로 스스로를 끌어올리고, 인간들이 지니고 있는 각종 세속관념의 한계를 벗어나 외물外物에 얽매이지 않고 "홀로 천지정신과 왕래한다獨與天地精神往來"(『장자·천하天下』)는 것을 실현하기 위해 노력했다.

"홀로 천지정신과 왕래한다"는 것을 사람으로 바꿔 말하면, 이것은 바로 신선을 가리킨다. 『장자』의 많은 부분에서는 신선을 찬미하고 신선을 추구하고 있다. 여기 그 몇 가지 예를 발췌했다.

"막고야란 산에는 신인이 살고 있는데, 그 살결은 얼음이나 눈처럼 희고 몸매는 처녀처럼 나긋하다. 오곡을 먹지 않고 바람과 이슬을 마신다. 어떤 때는 구름을 타고 또 어떤 때는 용을 타고 천지의 밖에서 노닌다. 정신이 한 데 집중되면 상처를 입거나 병이든 사람은 구원을 받고, 온갖 곡식들은 다 잘 익는다藐姑射之山, 有神人居焉, 肌膚若冰雪, 淖約若處子. 不食五穀, 吸風飲露. 乘云氣, 御飛龍, 而游乎四海之外. 其神凝, 使物不疵癘而年穀熟."(『장자·소요유逍遙游』)

"대저 지인이란 이 땅과 함께 먹고 지내며 하늘과 함께 즐거움을 나눕니다. 사람이나 사물, 이득이나 손실에 의해 마음이 어지럽혀지지 않고 남달리 괴이한 짓을 하지 않으며, 서로 술책을 부리지 않으며, 서로 일을 꾸미지 않으며 자연스레 가고 자연스레 옵니다夫至人者, 相與交食乎地而交樂乎天, 不以人物利害相攖, 不相與爲怪, 不相與爲謀, 不相與爲事, 翛然而往, 侗然而來."(『장자·경상초庚桑楚』)

"지인은 신비스럽다. 큰못이 타올라도 뜨겁게 할 수 없고, 황하나 한수가 얼어도 춥게 할 수 없으며, 사나운 천둥이 산을 부수고 거센 바람이 바다를 흔들어도 놀라게 할 수 없다. 그런 사람은 구름을 타고 해와 달에 올라앉아 세상 밖에 나가 노닐고, 삶과 죽음 따위는 그 자신에게 아무런 변화도 주지 못한다至人神矣! 大澤焚而不能熱, 河漢沍而不能寒, 疾雷破山, 飄風振海而不能驚. 若然者, 乘云氣, 騎日月, 而游乎四海之外, 死生無變于己."(『장자·제물론齊物論』)

"옛날의 진인은 잠을 자도 꿈을 꾸지 않고, 깨어있어도 걱정이 없으며, 좋은 것만 먹으려하지 않고, 숨을 깊게 쉬었다. 진인은 발꿈치로 숨을 쉬나 일반 사람들은 목구멍으로 숨을 쉰다古之眞人, 其寢不夢, 其覺無憂, 其食不甘, 其息深深. 眞人之息以踵, 衆人之息以喉."(『장자·대종사大宗師』)

"홀로 천지 정신과 왕래하나 만물을 교만하게 대하지 않고 시비를 가리지 않았다獨與天地精神往來, 而不敖倪于萬物, 不譴是非."(『장자·천하』)

구름을 타거나, 용을 타고 다니며, 오곡을 먹지 않고, 초연히 홀로 서 있고, 오고 간 흔적도 없이 일체를 잊고, 천둥과 번개와 물과 불도 손상시킬 수 없다는 이와 같은 신선(즉 신인神人, 진인眞人, 지인至人)에 대한 묘사는 『장자』 곳곳에 쓰여 있다.

장자와 동시대의 위대한 시인 굴원屈原도 신선의 도를 매우 앙모하여, 그의 많은 시들 속에 신화적인 것과 환상적인 것들을 가득 채워놓았다. 굴원은 정처 없이 떠돌아다니거나, 자유롭거나, 혹은 신기해 보이는 신선의 생활을 갈망하고 동경했다. 굴원의 「섭강涉江」에는 정처 없이 떠돌면서 유유히 놀고, 장생불사하며 살고 싶어 하는 바람을 그리고 있다.

뿔 돋친 청령으로 수레 끌고 뿔 없는 백룡을 참마 삼아
나는 중화님과 옥수(玉樹) 밭을 노닐며
곤륜산에 올라가 옥의 꽃을 먹으며
천지와 수명을 함께 하고
일월과 빛을 같이 하노라.
駕青虯兮驂白螭,
吾與重華游兮瑤之圃.
登崑崙兮食玉英,
與天地兮同壽,
與日月兮同光.

굴원은 신선을 앙모하여, 「원유遠游」에서도 도를 얻어 신선이 된 환상을 매우 농도 짙게 표현했다.

나는 적송선생의 미덕을 숭상하며
과거 사람들이 신선이 된 것을 흠모한다.
그들은 신선되어 떠나가 이제 볼 수 없으나,
그들의 명성은 밝게 빛나, 천년을 흐른다.
부열이 사후에 별이 된 일을 신기하게 여기며,
한중이 도를 얻어 신선이 된 일을 나는 부러워한다.
그들의 육신은 천천히 속세를 멀리 떠나고,
그들은 세속을 도피하여 보이지 않고 은거하며 사는도다.
정기의 변화에 기대어 높이 올라가고
귀신과 같이 순식간에 변하는도다.
때때로 멀리 보이듯 하면서
신령은 우주를 밝게 왔다갔다하는도다.

속세를 초월하여 벗어나 좋은 산과 동굴의 곳집에서 거주하며

끝내 그의 고향으로 돌아오지 않는도다.[23)]

貴眞人之休德兮,

美往世之登仙.

與化去而不見兮,

名聲著而日延.

奇傅說之托辰星兮,

羨韓衆之得一.

形穆穆以浸遠兮,

離人群而遁逸,

因氣變而遂曾擧兮,

忽神奔而鬼怪.

時彷佛以遙見兮,

精皎皎以往來,

---

23) 이 원문은 저자가 인용한 『楚辭全譯』(黃壽祺, 梅桐生 合著, 貴州人民出版社, 1984년 2월 제1판, 122쪽)의 현대한어 번역을 참조하였다. 더불어 역자가 참고적으로 아래 유성준柳晟俊역해의 『楚辭』(혜원출핀사, 1996년 8월판 128~136쪽)의 해실을 싣는나. 참된 사람의 고운 덕을 소중히 여기고 지난날에 신선되어 올라간 일들 찬미하노라. 그들은 신선되어 떠나가서 보이지 않으나, 명성이 드러나서 갈수록 이어져 전하도다. 부열이 별이 된 일을 신기하게 여기며 한중이 지순의 도를 터득한 일을 부러워한다. 몸은 조용히 먼 곳으로 떠나가서 속인들을 떠나 숨어서 사는 도다. 자연의 변화에 따라서 더욱 높이 올라가 홀연히 번개처럼 신출귀몰하는 도다. 때때로 멀리 보이듯 하면서 정기가 밝게 왔다갔다하는 도다. 요기와 먼지를 떨치고 죄를 맑게 하고서는 끝내 고향으로 돌아오지 않는 도다.(역자 주)

超氛埃而淑郵兮,

終不反其故都.

굴원은 「원유遠遊」에서 풍부한 상상력으로 신선이 하늘을 나는 아름다운 모습을 묘사했다. 신화 속의 굴원은 신선이 되어 육기六氣를 호흡하고, 맑은 이슬을 마시고, 정신을 맑고 깨끗하게 하여, 행함에 어디에도 구속됨이 없었다. 그는 영롱한 혼백을 가지고 오색구름을 타고 창공을 날아다닌다. 신기한 하늘의 신선 세계는 천리에 빛나고, 오광십색五光十色의 구름과 무지개빛 깃발은 바람에 나부낀다. 굴원은 많은 신선들에게 둘러싸여, 여덟 마리의 용이 이끄는 수레를 타고 아득한 구름 속을 날아다니며, 넓고 텅 빈 무한한 하늘나라를 유유히 노닌다.

장자莊子와 굴원屈原 모두는 신선의 도를 생각했고, 아울러 사람들의 마음을 감동시킬 많은 신선전설과 우화를 남겼다. 이를 통해 우리는 전국시대에 신선관념이 널리 전해졌음을 알 수 있다.

장자莊子와 굴원屈原은 초楚나라에서 생활했다. 그러나 북방 지역에서도 신선관념은 비슷한 형태로 유행했다. 전국시대 연燕나라와 제齊나라 일대에서도 신선 방사가 출현했다. 그들은 공공연하게 죽지 않는 단약丹藥이 있다고 말하거나, 누구나 신선이 되어 하늘을 날 수 있다고 말했다. 『한비자韓非子·설림상說林上』에는 방사方士가 형왕荊王에게 '죽지 않는 약'을 헌납한 기록이 있고, 『사기史記·봉선서封禪書』에도 제위왕齊威王, 제헌황齊宣王, 연소왕燕昭王이 사람을 파견하여 삼신산三神山의 신선에게 불사의 약을 구해오도록 시킨 기록이 있다.

"제나라 위왕, 선왕 그리고 연나라 소왕은 사람을 시켜 바다에서 봉래, 방장, 영주를 구하도록 했다. 전하는 바에 따르면 삼신산은 발해에 있고, 사람이 가기에 멀지 않으며, 재난을 당하면 배에 바람이 불어 가게 된다. 일찍이 그곳에 가본 자는, 그곳에 신선과 불사의 약이 모두 있다 했다. 그곳의 금수와 사물은 오래 살고, 그곳에는 황금과 은으로 된 궁궐이 있다. 그곳을 보면 그곳은 구름같이 보이고, 그곳에 가면 삼신산은 도리어 물 속에 잠긴다. 그곳에 이르면 갑자기 바람이 불어 끌어당겨, 결국 그곳에 이르지 못한다. … 진시황이 천하를 통일하자, 바닷가에는 방사의 말이 이루 셀 수 없이 많았다自威, 宣, 燕昭使人入海求蓬萊, 方丈, 瀛洲. 此三神山者, 其傳在渤海中, 去人不遠; 患且至, 則船風引而去. 蓋嘗有至者, 諸仙人及不死之藥皆在焉. 其物禽獸盡白, 而黃金銀爲宮闕. 未至, 望之如雲; 及到, 三神山反居水下; 臨之, 風輒引去, 終莫能至雲. …… 及至秦始皇并天下, 至海上, 則方士言之不可勝數"

진시황이 천하를 통일한 뒤, 삼신산이나 선인仙人과

불사의 약에 관한 신화들은 이미 전국에 널리 알려졌고, 그 영향도 점점 커져갔다.

『사기史記·진시황본기奉始皇本記』의 기록에 의하면 진시황 28년(기원전 219年) "제齊나라 사람 서불徐市 등은 글을 올려 말하길, '바다에는 삼신산이 있는데 그 이름은 봉래蓬萊, 방장方丈, 영주瀛洲로 그곳에서 신선들이 삽니다. 재계齋戒하고 어린아이들과 함께 그것을 구하도록 하겠습니다.' 그래서 서불에게 어린아이 수천 명을 주어 바다에 가서 신선을 구하게 했다齊人徐市等上書 言海上有三神山 名曰蓬萊,方丈,瀛洲 仙人居之 請得齋戒與童男女求之 于是遣徐市發童男女數千人 入海求仙" 서불은 가서 돌아오지 않아, 맨 처음 신선을 구하고자 한 것은 실패했다. 그러나 진시황제는 이에 굴하지 않고 진시황 32년(BC 215年) 또다시 한종韓終과 후공侯公을 파견하여 선인을 방문해 불사의 약을 구하게 했다. 이것도 마찬가지로 실패로 끝났다. 두 번의 실패에도 불구하고 진시황은 그 꿈을 버리지 못했다. 진시황 33년 그는 연燕나라 사람 노생盧生이 "물에 들어가도 젖지 않고, 불에 들어가도 타지 않으며, 구름을 타고 넓은 하늘과 끝없는 땅을 노닌다入水不濡 入火不爇 陵雲氣 與天長地久"고 말한 진인眞人에 관한 신화를 쉽게 믿었다. 이에 노생은 스스로를 진인이라 칭하면서, 신선을 배우고 진리를 구하는 골계극을 스스로 연출했는데 결국 속임수에 불과한 것으로 또다시 실패했다.

비록 진시황이 신선을 구하려 한 것이 두 번 세 번 연속하여 실패했지만, 그는 그것에 그치지 않고 죽는 날까지 "바다 가운데 삼신산의 기이한 약을 찾게 되기를 바랬다黃遇海中三神仙之奇葯"고 하니, 정말 그는 신선에 푹 빠져 죽는 날까지 깨우칠 줄을 몰랐다.

진시황과 마찬가지로 한漢 무제武帝 역시 신선광이었다. 그는 유학을 숭배하여 유가사상을 조정의 정통 의식으로 삼으면서, 다른 한편으로는 신선의 술術을 좋아해 방사를 총애하고 신임했다. 그의 재위기간에는 많은 신선 방사가 그 주변에 모였고, 그들은 그에게 신선 사상을 끊임없이 언급했다. 그 중 제일 유명한 사람은 이소군李小君, 이소옹李小翁 그리고 난대欒大 등이다.

『사기史記·봉선서封禪書』의 기록에 의하면 이소군은 한 무제가 총애하고 신임한 최고의 방사였다. 이 사람의 특징은 부엌 신에게 제사를 잘 드리고 곡도穀道(벽곡辟穀)와 각로방却老方(장생술長生術)을 잘하는 것이었다. 그는 일찍이 무제에게 "부엌 신에게 제사를 드리면 제물이 모인다. 단사丹沙는 황금으로 변하고, 황금으로 음식그릇을 만들어 사용하면 장수를 하게 된다. 장수하면 바다 가운데 봉래선蓬萊仙을 만날 수 있고, 봉래선을 만나 제사를 지내면 죽지 않으니 황제가 바로 그런 경우였다祠竈則致物, 致物而丹沙可化爲黃金, 黃金成以爲飮食器則益壽, 益壽而海中蓬萊仙者乃可見, 見之以封禪則不死, 黃帝是也"고 말했다. 그리고 그는 바다에서 신선 안기생安期生을 만났다고 말했다. 그래서 신선이 되고자 하는 마음이 간절한 한 무제는 즉시 그의 말을 듣고 스스로 제사를 지내고 "방사를 바다로 보내 봉래蓬萊 안기생安期生에게 있는 것을 구하고 단사와 약제를 변화시켜 황금이 되게 하려 했다遣方士入海求蓬萊安期生之屬 而事化丹沙諸藥齊爲黃金矣". 후에 이소군이 병사하자 한 무제는 이소군은 죽지 않고 신선이 되어 하늘로 날아갔다고 생각했다.

이소군의 뒤를 이어 신선방사 이소옹李少翁이 왔다. 이소군이 장생불사를 얘기했다면, 이소옹은 신神을 부르고 귀鬼를 쫓는 것을 주로 말했다. 이소옹에 대해서 『사기史記·봉선서封禪書』에 기재된 것을 따르면 제齊나라 사람 소옹은 귀신鬼神, 방술方術로 무제를 보았다고 한다. 무제에게는 가장 총애하던 왕부인王父人이 있었는데, 그가 막 세상을 뜨자 소옹은 방술을 사용하여 밤에 왕부인을 불러왔다. 그래서 한 무제는 장막 뒤에서 그녀를 볼 수 있었다. 무제는 매우 기뻐하며 소옹을 문성文成장군으로 임하고 그에게 많은 선물을 주었다. 더불어 빈객賓客의 예로 그를 우대했다. 문성이 무제에게 말하길 "만약 왕께서 신과 왕래를 원하시면, 궁실宮室과 복식服飾을 신神이 사용하는 형태로 하지 않으면 신은 강림하지 않으실 것입니다"라고 말했다. 이에 무제는 구름이 그려진 수레를 만들어 악한 귀신을 내쫓고, 감천궁甘泉宮을 세웠는데, 그곳에는 대臺와 방房이 있었고, 천지의 모든 신령을 그려 놓았으며, 제사에 사용하는 제기들을 설치하여 천신天神을 맞이하고자 기다렸다. 일 년 정도의 시간이 지나게 되자, 소옹의 방법이 효과가 없음이 여실히 드러났고, 신도 강림하지 않았다. 이에 소옹은 비단에 글을 써 소에게 먹이고, 자기는 모르는 것처럼 사건을 조작했다. 더불어 그는 "이 소의 뱃속에는 기이한 것이 있다"고 말했다. 이 말을 들은 무세는 사람을 시켜 소를 죽이고 백서帛書를 꺼냈다. 그런데 거기에 쓰인 내용은 매우 허황된 것으로, 이에 천자가 백서의 필적을 살펴 집필자를 탐문하니, 결국 이번 일도 꾸민 일이라는 사실이 밝혀졌다. 이에 무제는 문성장군을 사형에 처하고, 사람들의 비웃음이 두려워 이 일을 비밀에 붙였다. 이소옹이 신神

을 부르고 귀신鬼을 쫓는 술術은 무술이자 신선방술이었다. 그것은 환술幻術을 이용하여 신과 통하고 신선이 되는 것을 목적으로 한다. 하지만 그 내용은 연단煉丹과 복약服藥에 비해 너무 허황되었다. 결국 사기성이 농후해서 실패를 자초하게 되었다. 한 무제가 이소옹을 처형하기는 했지만, 그는 끝까지 신선을 믿었다. 이소옹의 신과 통하는 방식이 너무 졸렬했기 때문에 사기극 연출이 가능했던 것이다. 후에 한 무제는 이소옹을 처형한 것을 후회하며 "그가 일찍 죽은 것이 후회스럽고, 그 방술이 성공하지 못함이 애석하다後悔其早死 惜其方不盡"고 말했다. 여기서 우리는 한 무제의 신선방술에 대한 깊은 믿음을 알 수 있다.

난대欒大 역시 서한西漢시대의 저명한 신선방사다. 그는 허풍이 심했지만, 각종 기이한 말과 괴상한 말로 한 무제의 총애를 받았다. 그는 한 무제에게 바다 가운데서 안기생安期生과 선문羨門의 신선神仙들을 직접 보았다고 말했다. 그는 또 한 무제에게 "황금은 가히 만들 수 있고, 황하는 막을 수 있고, 죽지 않는 약은 얻을 수 있고, 선인은 가히 이룰 수 있다. …… 폐하께서 그것들을 반드시 이루고자 원하신다면, 사자使者를 귀하게 여기고, 그 친속들을 귀빈의 예로 대하여 얕잡아 보지 말며, 그 신인信印을 허리에 차도록 해야 신인神人과 말이 통할 수 있다黃金可成 而河決可塞 不死之藥可得 仙人可致也 …… 陛下必欲致之 則貴其使者 令有親屬 以客禮待之 勿卑 使各佩其信印 乃可使通言于神人"[24)]고 말했다. 뿐만 아니라 즉석에서 방술 하나를 선보여 한 무제의 믿음을 얻었다. 이에 한 무제는 난대를 오리五利장군으로 봉했고 난대를 시켜 밤에 신선의 옷을 입고 억새풀 위에 올라서서 신선을 부르도록 했다.

장생의 약도 구할 수 없고, 신선도 구할 수 없다. 그러나 선仙을 말하고 신神을 구하는 말들은 줄어들지 않고 오히려 갈수록 증가했다. 사마천의 『사기史記·봉선서封禪書』에는 이와 관련된 다음과 같은 기록들이 있다. "이에 진시황이 천하를 얻자, 바다에서 방사의 말들은 이루 헤아릴 수 없이 많아졌다. 乃至秦始皇并天下, 在海上, 則方士言之不可勝數", "봉래 안기생을 구해도 얻을 수 없자, 바닷가의 연과 제나라에선 괴이한 방사들이 더 많이 신의 일을 말했다. 求蓬萊安期生莫能得, 而海上燕齊怪迂之方士多更來言神事矣.", "바닷가 연과 제나라에서는 팔을 휘두르며 자기에게는 비방이 있기 때문에, 신선이 될 수 있다고 말하는 이가 많았다. 海上燕齊之間, 莫不扼腕而自言有禁方, 能

24) 『사기史記·봉선서封禪書』

神仙矣."

진시황과 한 무제가 신선을 찾았다는 역사적 기록을 통하여, 진한秦漢시기에 신선의 말이 매우 유행했음을 짐작 할 수 있다. 진시황은 두세 번 선인을 보러 방사들을 바다에 파견했고, 그 자신도 여러 번 바다로 가서 '선인을 구하고 그들을 부러워했다求仙人羨門之屬'. 이처럼 신선이 되고자하는 마음은 진시황만 있었던 것이 아니다. 사회적 기초와 신화전설의 영향이 없었다면, 진시황 자신도 이처럼 미신에 집착하지 않았을 것이다. 또한 한 무제 주변에 다양한 신선방사들이 모여들게 된 것도 사회적으로는 신선술이 광범위하게 유행했기 때문이다. 신선술이 유행하지 않았다면 신선방사도 많지 않았을 것이다. 한 무제는 신선과 관련된 것들로 겹겹이 포위되어 있었다. 이것은 한 무제가 신선술을 좋아한다는 것을 설명하기도 하지만, 더욱 중요한 것은 신선사상이 이미 당시 사람들의 마음 속 깊이 자리 잡고 있었다는 것과 신선사상이 이미 당시 사람들의 보편적인 정신적 추구의 대상이 되었다는 것을 설명해준다.

신선관념은 도교의 기본관념이다. '신선神仙'이라는 두 글자를 떠나서 도교는 존재할 수 없다. 그런 의미에서 도교를 신선도교라고도 부른다. 앞에서 살펴보았듯이 전국戰國과 진한秦漢시기에 유행한 신선사상을 보면 신선이란 것은 도교에서 창립된 것이 아니고, 이전부터 사람들이 계승, 발전시킨 것임을 알 수 있다.

5. 참위신학讖緯神學

참위신학은 도교사상의 중요한 근원 가운데 하나다. 이것은 고대 무술巫術, 미신, 방사, 귀신, 이상한 말과 일맥상통하는 것으로서 무술과 미신의 특정한 표현 형식을 취하며 세상에 나타났다. '참讖'이라는 것은 '은밀한 말로 속여서, 길흉을 예견한다詭爲隱語 預決吉凶'는 것으로 일종의 은밀한 언어를 사용해 해석하거나 예언하는 일종의 종교 미신이다. 그리고 대체로 이것들을 자기 멋대로 견강부회하거나 임의대로 해석했다. 그래서 '위緯'는 '경의 갈래로 그 뜻을 두루 널리 해석했다. 經之支流, 衍及旁義'고 보았다. '경經'에 대한 '위緯'는 유생들이 천인감응天人感應, 음양오행陰陽五行 등의 사상으로 유가 경전을 견강부회하면서 엮어낸 신비적 색채의 설교에 지나지 않았다. 참과 위 두 형식은 서로 다르다. 참은 일반적으로 단편적인 예언의 말이고, 위는 이론화되고 계통화된 저작이다. 그러나 양자에는 모두 공통적인 특징이 있는데,

둘 다 매우 조잡한 종교 미신이란 것이다.

일찍이 춘추 전국시대에는 '조참趙讖', '진참秦讖'이라 불린 것들이 있었다. 진나라 때에는 신비한 예언을 '참讖'의 특징으로 삼은 것이 연燕과 제齊나라 일대의 방사들 가운데에서도 널리 유행했다. 진시황 32년, 진시황은 연나라 방사 노생盧生에게 신선을 찾아오도록 바다에 보냈는데, 그는 『녹도서彔圖書』 1권을 가지고 돌아왔다. 거기에는 '진을 망하게 하는 것은 호다亡秦者胡也'라는 다섯 자가 쓰여 있었다.[25] 진시황은 '호胡'를 북방 오랑캐로 여겨 3천만 명의 군인을 북쪽으로 보내 흉노를 정벌했다. 그러나 후에 진나라는 진의 2세 호해胡亥의 손안에서 망했다. 사람들은 이것을 보고 '진을 망하게 하는 것은 호다亡秦者胡也'라는 말에서 '호胡'는 '호해胡亥'를 가리키는 것으로 생각했고, 결과적으로 이 참어讖語가 영험하다고 여기게 되었다. 진시황 36년에는 "올해 할아버지 용이 죽는다今年祖龍死"[26]는 말이 나돌았는데, 비록 그 예언의 출처가 어딘지 확실하지 않지만 진시황은 이 해에 남쪽으로 가던 길 위에서 죽게 된다. 진승陳勝, 오광吳廣의 봉기 때도 '대초병 진승왕大楚兵, 陳勝王'이라는 참어가 만들어져

---

25) 『사기史記·진시황본기秦始皇本紀』

26) 『사기史記·진시황본기秦始皇本紀』

결과적으로 사회에 많은 영향을 미쳤다.

위의 사례를 통해 '비결秘訣' 같은 종류의 미신예언이 당시 널리 퍼져 있었음을 알 수 있다.

한 무제 때, 봉건 통치 계급이 신권을 이용하여 정권을 수호하려는 의도에 따라 유학의 종교화 추세가 나타났다. 이러한 사조의 대표자가 바로 대유大儒 동중서董仲舒다. 그는 『춘추번로春秋繁露』에서 유가 사상을 핵심으로 '천인감응天人感應'과 추연鄒衍의 음양오행陰陽五行 등의 사상을 모아서 '군권신수君權神授'와 '인부천수人副天數'사상을 부르짖었다. 그리고 자연과 인사人事에 대해 견강부회했을 뿐만 아니라 자신 스스로 비를 내리고 멈추는 신선방술을 장악했다거나, 유사儒士를 방사方士화하고, 방사方士를 유교에 갖다 붙이곤 했다. 이처럼 서한 말에 이르러 참위미신이 성행하게 된 것과 동중서 신학이 나타나게 된 것은 분리하려 해도 분리할 수 없는 관계를 맺고 있었다.

사회적으로 위태로웠던 서한 말년에는 도참미신신앙이 세상에 더욱 성행했다. 왕망王莽은 '한나라를 편안하게 할 공망이 황제가 된다安漢公莽爲皇帝'는 참어를 이용해 자신이 천명을 받았다고 속이고, 아울러 '오덕종시설五德終始說'을 이용하여 토덕土德의 '신新(즉 왕망이 건립하는 신왕조)'이 화덕火德의 '한漢'을 취하는 것이 바로 하늘의 뜻이라고 설명했다. 한의 광무제光武帝 유수劉秀는 도참과 참위를 이용하여 집안을 세우고 천하를 얻었다. 전하는 바에 의하면 그가 군대를 일으키기 전 '유수는 반드시 천자가 된다劉秀當爲天子'라는 말이 세상에 출현했고, 유수가 세력이 커진 뒤에는 "유수는 군대를 일으켜 무도함을 잡고 묘금은 덕을 닦아 천자가 된다劉秀發兵捕不道 卯金修德爲天子"[27]는 참어가 출현하여 유수가 제위에 오르는 것을 도왔다. 유수는 이러한 참어를 이용해, 스스로 하늘의 명을 받았다고 하면서 당당하게 황제의 자리에 올랐다. 유수는 즉위 후 사람들에게 도참圖讖을 정리하고 교정하도록 명하고, 중원中元 원년(BC 56년)에는 "천하에 도참을 선포했다宣布圖讖於天下"[28]. 그리하여 참위讖緯신학은 정식으로 관방官方 철학이 되었다.

상류계급이 즐겨하는 것은 반드시 하층백성들에게 영향을 미친다. 최고 통치자의 열성적인 제창에 따라 방사들은 앞다투어 나쁜 일들을 꾸며내었고, 그 추세는 갈수록 심각해져 경학의 대스승 정현鄭玄과 허신許愼도 이러한 조류에 말려 들어갔다. 이리하여 사회 곳곳에는 하늘

27) 『후한서後漢書·광무제기光武帝紀』

28) 『후한서後漢書·광무제기光武帝紀』

의 변화를 믿고 따르며, 재난과 이변을 말하고 다니며, 도참을 배우는 것들이 범람했으며, 각종 참위가 분분히 나타났고, 그 지위도 경서經書보다 높았다. 방사화 된 많은 유생들은 말끝마다 참위讖緯를 말했고, 참언을 인용하여 위서緯書에 주를 달아 자신들의 지위 획득 수단으로 이용했고, 그리고 …… 그리하여 한 때 전국은 참위미신의 연기 속에 휩싸이게 되었다.

한때 무성했던 참위미신의 분위기는 도교가 출현하는 데에 견실한 토양을 제공했을 뿐만 아니라 참위신학도 도교가 출현하는 데에 사상적 자원을 제공했다. 참위신학에서 공자孔子를 신격화한 것은 도교에서 노자를 신격화한 것보다 한발 앞선다. 참위미신 가운데 천인감응天人感應, 황제黃帝, 공자의 신화, 귀신을 물리치는 기술, 점성술, 신비 예언, 장생술長生術, 영약靈藥, 신선산 등의 기괴한 이야기는 도교와 직접적으로 관계되어, 거의 대부분 도교에 흡수됐다.

도교 경전인 『주역참동계周易參同契』는 내용부터 형식까지 참위학의 영향을 깊이 받았다. 도교의 초기 경전인 동시에 도교에서 가장 중요한 경전 중의 하나인 『태평경太平經』(『태평경太平經』은 도교보다 일찍 출현했다.)의 「천참지

간상배법天讖支干相配法」편에서는 참위신앙을 특히 높이 떠받들었고, 「작래선택법作來善宅法」편에서는 "지금 천사天師의 말들은 모두 옛날 하도낙서의 글과 신서와 선문에 부합하는 것이고, 현명한 사람들의 말에 미치는 것으로, 최고의 경이 되어, 훗날에는 천지개벽 이후의 악한 것들을 멸하고 제거할 것이다今天師言, 乃都合古今河洛神書善文之屬, 及賢明口中之訣事, 以洞極之經, 乃后天地開闢以來, 滅惡可除也"라고 했다. 조금 과장해서 말한다면『태평경太平經』은 모든 참위신서를 집대성했다. 그리고 「내선집지도문서결來善集之道文書訣」편은 음양오행陰陽五行설을 이용해 재앙을 없애는 미신 등을 거론했다. 종합해 보면『태평경太平經』사상은 비록 조잡하고 투박하지만 그 속에는 매우 농후한 참위적 요소가 있다. 더불어 여기서 우리는 참위미신의 도교에 대한 영향은 매우 커서 도교에 많은 사상적 자원을 제공했음을 알 수 있다.

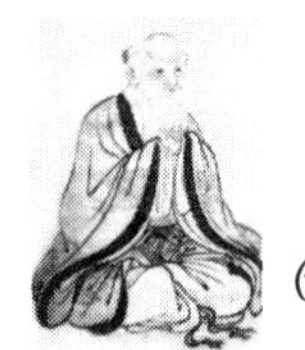

6. 황로학黃老學

어느 정도의 영향력을 가지고 체계성을 갖춘 종교는 모두 그 이론적인 기초를 지니고 있다. 도교도 예외는 아니다. 도교는 하나의 종교로서 그 이론적 기초는 전통에서 기원한다. 이것은 바로 신학화된 황로사상이다. 도교는 바로 황로사상을 받아들이고 개조하여, 그것을 신학으로 발전시킨 뒤, 자신의 초석으로 만들었다.

황로학은 본래 도가에 속하는 것으로서, 그 사상적 핵심은 노자의 '무위無爲'다. 한나라 초에 유행한 황로학은 '무위無爲'를 핵심으로 한 제왕帝王 통치술統治術이다. 이것의 기본 사상은 청정무위淸淨無爲로, 백성과 함께 잘 살고, 사회의 각종 생산 활동과 백성의 생활을 간섭하지 않고 자연스럽게 발전하도록 하는 것이다. 한초漢初의 조참曹參, 개공蓋公, 한문제漢文帝, 두태후竇太后, 한경제漢景帝 등은 황로술을 숭배했다. 한초의 통치자들이 황로정치를 실행했기 때문에, 백성들의 생활은 안정되고 생산이 회복되고 발전되어, '문경의 다스림文景之治'이 사회번영을 촉진시키는 전기를 마련했다.

서한 말년에 이르러 도가의 황로학은 변화되기 시작했다. 그 중의 하나가 양생養生과 제사로 신선가와 결합한 것이다. 이 시기를 전후하여 양생을 중심으로 하는 '황로학黃老學'과 황제와 노자를 신앙의 대상으로 삼으면서 제사를 핵심으로 하는 '황로도黃老道'가 출현하였다. 동한東漢 초기에는 황로양성黃老養性을 받들어 장생을 기원하는 풍조가 만연하게 된다. 동한의 명제明帝인 유장劉庄이 태자太子로 있을 때, 광무제가 정치를 성실히 하고 게으름을 부리지 않는 것을 보고, 그에게 간하여 다음과 같이 말하였다. "폐하는 우임금과 탕임금의 밝은 지혜를 갖고 있지만 황로의 성性을 기르는 복을 잃어버리셨습니다. 간절히 바라건대 정신을 수양하면서 스스로 편안함을 즐기십시오陛下有禹湯之明, 而失黃老養性之福, 願頤愛精神, 優游自寧".[29] 한漢 명제明帝 때, 초왕楚王 영英은 "황로의 미언을 외우고, 부처의 자애를 제사하며 숭상한다 誦黃老之微言, 尙浮屠之仁祠".[30] 이상의 두 가지 예는 동한 초년에 황로학이 이미 양생 수련의 술로 변화되고, 그 종교적

29) 『후한서後漢書·광무제기光武帝紀』

30) 『후한서·광무십왕열전光武十王列傳·초왕영전楚王英傳』

색채가 점점 깊게 변화 발전되었다는 것을 증명한다. 한漢 환제桓帝는 신선의 일을 좋아하고, 노자를 제사지내며 받들어, "양성養性을 기르며, 뜻은 구름을 타고" 있는 것처럼 되고자 원했다. 이것은 바로 한 환제 시대에 이미 황로학이 기본적으로 종교화되었다는 것을 증명한다. 동한 말년 황로학은 이미 종교로 변했다. 장각張角이 신봉했던 '황로학黃老學'이 그 증거다.

황로학의 종교화 과정과 황제와 노자의 신격화 과정은 기본적으로 맥락이 비슷하다. 황제는 본래부터 신격화된 인물로서 이에 대해서는 앞에서 이미 설명했으므로 다시 중복하여 말하지 않겠다. 그러나 노자는 다르다. 노자는 도가의 창시자로서 사람이지 신은 아니다. 그런 노자는 신으로 점점 변화 발전되는 신격화의 과정을 거치게 되었다. 선진시대 문헌 가운데 노자가 신선이 되었다는 기록은 없다. 『장자莊子·양생주養生主』에서 "노담이 죽자 진일이 문상을 갔다老聃死 秦失吊之"는 설명을 보면 노자는 신선이 아니다. 그러나 서한에 이르러 그 상황은 미묘하게 변화되기 시작한다. 사마천은 『사기史記』에서 노자를 '은군자隱君子'로 기록하였고, '이백 여살'까지 살았으며 더불어 '그의 종말은 알 수 없다 莫知其所終'고 말하여, 노자를 장수하면서도 그 종적이 모호한 신비적인 인물로 만들었는데, 이것은 훗날 노자가 신격화되는 것을 암시하고 있다. 한 무제는 신선술을 좋아한 것으로 유명했지만, 노자와는 아무런 관련이 없었다. 이것은 한 무제 때에, 노자와 관련된 신선적인 내용들이 출현하지 않았다는 사실에서 알 수 있다. 서한 말에는 유향劉向의 『열선전列仙傳』이나 『사기』를 기초로 해서 전과는 다르게 신격화된 노자가 출현한다. 『열선전』에서는 노자의 출생 시간을 200여 년이나 일찍 잡았을 뿐만 아니라 노자를 '진인眞人'의 범주에 넣었다. 이로 인해 노자는 정식으로 신선의 반열에 올라서게 된다. 동한 때 이르러 노자와 관련된 신화는 점점 많이 나오게 된다. 한 환제에 이르러 "친히 탁궁에서 노자를 제사 지냈다親祠老子于濯宮"[31]고 하니, 노자는 이미 선도仙道의 조상으로서 천제天帝와 같은 대열에 속한 최고 신령이 된 것이다.

노자는 도가 인물이다. 그의 사상은 철학적 범주에 속하지, 신학적 범주에 속하지 않는다. 노자의 '도道'는 철학 개념이지, 종교 신학개념이 아니다. 그러나 노자의 '도道' 개념은 매우 오묘하여, 그에 대한 해석은 제 각각이다. 예를 들어 존재적인 측면에서 '도道'는, "도道는 물을 이루며, 오직 황홀할 뿐이다道之爲物, 惟恍惟惚", "천지

31) 『후한서·제사지祀祭志』

에 앞서 생겨난 것先天地生"으로 혼연일체(有物混成)된 것을 나타낸다. 그리고 우주 생성의 도란 의미도 있다. 즉 "도에서 하나가 나오고, 하나에서 둘이, 둘에서 셋이, 셋에서 만물이 생긴다道生一, 一生二, 二生三, 三生萬物"는 것이다. 그리고 그 외에도 운동변화의 법칙으로서의 '도', 생활 준칙으로서의 '도' 등 그 의미와 개념은 다양하다. 이와 같은 '도'의 다양한 특징이 바로 도교에 이용될 여지로 작용했다. 그 외에도 노자는 적지 않은 신비적인 설명들을 늘어놓았다. 예를 들어 "곡신은 죽지 않는다谷神不死", "현묘하고 또 현묘하다玄之又玄", "묘한 무리의 문群妙之門" 등이다. 결국 이와 같은 것들은 도교가 노자사상을 종교화하는 데 중요한 사상적 자원이 되었다.

노자가 신격화됨에 따라서 노자의 『도덕경道德經』은 점차 도교경전으로 해석되었다. 그리하여 한漢 이후에는 각종 신선장생神仙長生의 관점으로 해석된 『도덕경』이 많이 출현하게 된다.

그 중에 대표적인 것이 『노군도덕경하상공장구老君道德經河上公章句』(혹은 『노자하상공주老子河上公注』라고 한다.)와 『노자상이주老子想爾注』, 그리고 『노자내절해老子內節解』 등이다. 이런 저작들에서는 노자 사상의 해석을 통해, 세계본원의 '도'를 의지가 있고, 희로애락喜怒哀樂이 있으며,

사람의 일을 결정하고, 명령을 내려 호령하는 최고의 주재자로 보았다. 아울러 견강부회하여 노자의 무위자연無爲自然의 '도'를 불로장생의 '도'로 해석했다. 『노자하상공주』에서는 노자의 "곡신은 죽지 않는다."에 대하여 "곡谷은 양養이다. 인간이 신을 기르고 봉양하면, 죽지 않는다谷, 養也, 人能養神, 則不死也"고 해석했다. 『노자상이주』는 사람이 도道를 지키면 오래 살 수 있다고 보았다. "도를 정성 되이 받들고, 선을 쌓으면 공을 이루며, 정精을 쌓으면 신神이 되고, 신은 신선이 되어 오래 산다奉道誠, 積善成功, 積精成神, 神成仙壽"고 보았다.

『노자하상공주』와 『노자상이주』의 노자사상에 대한 해석을 통해 노자사상은 철학에서 신학으로 변함과 동시에 도교의 이론적 기초가 되었다.

종합해 보면 한대 황로사상의 종교화와, 노자 신격화의 역사적 과정은 도교가 정식으로 출현하게 되는 토대를 마련해 주었다. 또한 신선神仙과 장생長生의 관점으로 해석한 『도덕경道德經』은 도교를 위한 사상과 이론의 기초를 마련했을 뿐만 아니라, 초기 도교경전의 출현을 촉진했다. 도교가 출현하여 노자를 교주로 받든 것은 결코 우연한 일이 아니다. 그것은 바로 노자 사상과 신선도교의 깊고 심오한 관계를 반영한 것이다.

제3장 도교와 도

1. 도에 대한 다양한 해석

중국 전통철학 중에서 도는 하나의 중요한 범주이다. 그것은 하나의 보편적으로 연계된 정보계통으로 규정될 수 있는 장이나, 다층차·다구조를 구유한 하나의 총체적 구조이다.

중국 전통철학에서 도의 근원을 살펴보면, 다음과 같은 의미들을 갖고 있다.

도는 길인데, 의미가 확대되어 법칙이 되었다

『설문해자說問解字』에서 "도는 다니는 길이다道, 所行道也"라고 하였고, 『이아爾雅·석궁釋宮』에서는 "하나로 통하는 것을 도라고 한다一達謂之道"고 하였다. 반드시 지향해야 하고 사람들의 행위활동을 어떤 방향으로 이끌어야 하는 길, 즉 인간과 사물이 반드시 경유해야 할 길을 가리키는 것이다. 이것이 의미가 확대되어 사람과 사물이 반드시 준수해야 할 법칙, 힘써 지켜야 할 원칙, 사물의 운동변화 과정 등이 되었다. 『노자老子』에서의 "돌아감(순환)은 도의 운동反者道之動"이라거나, 『주역周易·계사繫辭』에서의 "한 번 음하면 한 번은 양 하는 것을 도라고 한다一陰一陽之謂道"라는 것은 음양의 모순운동, 곧 도의 법칙을 말하는 것이다.

한비韓非는 『해로解老』에서 명확한 설명을 하고 있다. "도는 만물의 그러한 바요, 모든 이치가 이른 바이다道者, 萬物之所然也, 萬理之所稽也" 도는 각종 구체 사물의 법칙적 총합, 즉 사물의 총법칙이라는 것이다.

도는 만물의 본체, 혹은 본원이다

노자는 구체적이고 말로 설명할 수 있는 도와 영원한 도를 구분하여, 도로 하여금 형이상학적 특징을 구유하게 했다. "도는 공허하고 형체가 없으나, 작용하면 무궁무진하다. 얼마나 심원한가! 마치 만물의 주재主宰 같도다道沖而用之或不盈, 淵兮似萬物之宗"(『老子』第四章) 도는 곧 만물의 주재자, 혹은 존재에 의지하는 근거가 된다. 노자의 도를 최고 범주로 보는 철학 논리구조에서는 본체론과 생성론이 통일된 것이기 때문에, 도는 또한 "만물의 어머니萬物之母"로 규정된다.

『관자管子』의 네 편(『심술心術』上下, 『백심白心』, 『내업內業』 포함)에서는 천지에 앞서 생긴 허탁지도虛托之道를 천지 사이에 되돌려 끌어다 기氣·물物과 연계시켜, 만물을 생기게 하고 이루는 것은 모두 도에 의거한다고 생각했다. 도는 우주만물의 본질적 측면에서 보자면 곧 본체이고, 세계만물의 생성자로서 보자면 곧 본원이다.

후에 『장자莊子』에서는 도의 생성론에 중점을 두어 발전시켰고, 『순자荀子』에서는 도의 본체론을 발전시켰는데, 양자는 서로 영향을 주고받았다.

도는 일一이다

도와 기氣·물物 등이 서로 결합하는 과정에서, 노자의 "도는 일을 낳는다道生一"는 명제에 변화를 가져왔다.

『여씨춘추呂氏春秋』와 『황로백서黃老帛書』에서는 혼돈태일混沌太一 위에 가한 허무지도虛無之道를 버리고, 도는 보아도 보이지 않고 들어도 들리지 않는 원시 혼돈상태, 도는 곧 일一이라고 하였다.

『회남자淮南子』에서는 한 걸음 더 나아가 "도는 일을 낳는다"는 것을 "도는 일에서 비롯된다道始於一"고 바꿨는데, 일은 곧 무형의 혼돈이다. '일'의 앞에는 '일'보다 더 근본적인 것으로서의 만물의 근본은 없다는 것이다.

도는 무無이다

진·한 시기에는 도를 혼돈하여 아직 형태가 없는 객관적 실체로 보았다. 왕필王弼은 도는 "아무런 형체가 없어 형상으로 나타낼 수 없다寂然無體, 不可爲象"고 하면서, 『왕필집교석王弼集校釋·논어석의論語釋義』에서는, 형체도 없고 이름할 수 도 없는 도를 본本으로 보고, 형체가 있고 이름도 있는 것을 말末로 여겼다. 오직 '궁극적으로 허무해야만' 비로소 도의 본성을 파악할 수 있다는 것이다.

도는 리理이고, 태극太極이다

도학가道學家는 구도求道를 자신의 중심 과제로 여겼다. 도를 리理로 보는 것에는 두 가지 뜻이 들어 있다. 하나는, 본체적 의미에서 도는 소리도 없고 냄새도 없는 리로서, 도와 리는 똑같이 형이상形而上의 것이므로 기器·기氣 등의 형이하形而下의 사물과는 대응관계를 구성한다는 뜻이다. 다른 하나는, 윤리강상倫理綱常의 의의에서 도는 곧 군신·부자·부부의 리로서, 리는 군신·부자·부부 등급관계의 반영으로, 군주는 어질고 신하는 충성스러우며 아비는 자애롭고 자식은 효성스럽다는 등의 윤리도덕 규범을 뜻하는 것이다.

도와 태극은 동체同體이면서 다른 이름일 뿐 결코 두 개의 것이 아니다. 도체道體의 지극함을 태극이라 하고, 태극이 널리 행해짐을 도라고 일컫는 것이다. 정이程頤와 주희朱熹의 철학 논리구조에서는, 도·리·태극을 함께 최고 범주로 보았으며, 천지만물의 근원이자 인류사회의 최고 원칙으로 여겼다.

도는 마음이다

심학가心學家는 정이와 주희의 본체적 '도'를 주체의 '마음心'에 융합시켰고, 양간楊簡은 육구연陸九淵의 "자신의 마음 밖에는 도가 없다道未有外乎其心"는 사상을 발전시켜 "사람의 마음이 곧 도人心卽道"라고 보았다. 왕수인王守仁은 정이와 주희가 도와 마음을 둘로 확연히 구분하는 데 반대하여, 마음과 도는 하나이지 둘이 아니라는 사상을 제기하면서 "모름지기 자기 마음에서 도를 체득해야지須從自己心上體認" 밖에서 구하지 말 것을 주장했다.

도는 기氣이다

정호程顥는 정이와는 다른 의미에서 음양의 기를 도라고 보아, 한 번 음하면 한 번은 양하는 것을 도라고 생각했다. 장재張載는 "형이상을 도라 하고, 형이하를 기라 한다形而上者謂道, 形而下者謂之氣"는 제한을 타파하고, "기의 변화로부터 도라는 이름이 있게 된다由氣化, 有道之名"고 하였다. 도는 기의 운동변화 과정이라는 것이다. 왕정상王廷相은 유형과 무형의 기의 상태가 또한 도의 나타남과 돌아감(숨음)의 다른 상태라고 하여, 도와 기를 동체同體 범주로 보았다. 대진戴震은 '음과 양 두 기陰陽二氣'가 '도의 실체'라고 생각했다.

도는 인도人道이다

선진先秦 이래 천도天道·지도地道·인도人道의 삼재三才로 구분해 왔다. 천도는 음양이고, 지도는 강유剛柔를 가리키는 것으로 우주 자연만물로부터 이론을 세운 것이다. 인도는 인의仁義를 가리키는 것으로 사회 인간관계와 도덕윤리에서 이론을 세운 것이다. 중국의 근대에는 서방문화의 충격 아래에서 강유위剛有爲·엄복嚴復·담사동譚詞同 등이, 도에 부르주아 휴머니즘의 의미를 부여하여 도의 전통적 내용을 타파했다. 엄복은 "다른 사람의 자유를 침범하는 것은 천리를 거역하고 인도를 해치는 것侵人自由者, 斯爲逆天理, 賊人道"이라고 하여, 자유·평등·박애를 도라고 규정했다. 손중산孫中山은 또 인도주의와 사회주의를 결합시켜 "사회주의는 인도주의이다. 인도주의에서는 박애·자유·평등을 주장하는데, 사회주의의 진수 또한 이 세 가지 이외의 것이 아니니, 실로 인류의 복음이다社會主義者, 人道主義也. 人道主義, 主張博愛·自由·平等, 社會主義之眞髓, 亦不外此三者, 實爲人類之福音"라고 하여, 도를 새로이 탄생시켰다.

위의 여덟 가지 의미를 종합하면, 도에 내포된 뜻을 다음과 같이 정리할 수 있다.

첫째, 도는 천지만물의 본체 혹은 본원으로서, 감각기관이 미칠 수 없는 초자연적인 것을 가리키는 자연현상·사회현상 배후의 그렇게 되는 까닭이다. 자연현상이나 사회현상의 위나 너머에 있어 보이지 않고 종잡을 수 없기 때문에, 단지 이성적 사유에 의지하여 파악할 수밖에 없다. 따라서 중국 고대의 철학자들은 본체인 도를 모양도 없고 소리도 없으며 몸체도 없는 형이상의 도로 규정했다. 이 도가 바로 천지만물이 존재하는 바의 근거이며, 또 만물을 파생시키는 본원이다.

둘째, 도는 온 세계의 본질로서, 사물의 근본 성질인 사물의 기본 요소를 구성하는 내재적 연계를 가리킨다. 사람들은 통상 사물의 필연적·보편적·상대적으로 안정적인 내부적 연계를 일러 본질이라고 한다. 따라서 본질은 법칙성과 동등한 정도의 범주에 속하지만, 법칙성에 비해 더 광범위하다. 그것은 사물의 내부에 포함되어 있는 한 계열의 필연성과 법칙의 종합이다.

셋째, 도는 사물의 법칙으로 사물 고유의 본질적·필연적·안정적 연계를 가리킨다. 사물 사이의 본질관계, 혹은 본질 사이의 관계는 사물 자체 고유의 내재적 근본 성질과 발전과정을 구현하는데, 이것이 바로 본질의 연계이다. 법칙은 사물의 반드시 그와 같은 변함없는 추세를 반영한다. 그것이 현상 속에서 변동 없는, 상대적으로 안정적이고 공고한 연계이다. 구체적 법칙·특수한 법칙에 상대적인 도는, 보편적 법칙 혹은 총법칙이다.

넷째, 도는 운동변화의 과정으로 기의 변화[氣化] 등의 과정을 가리킨다. 도는 포괄하지 않는 바가 없고, 존재하지 않는 곳이 없으며, 가이없이 크고, 더할 나위 없이 작으며, 그 자신 음양陰陽·유무有無·일양一兩·동정動靜·이기理氣·도기道器 등등의 모순을 내재하고 있어 통일을 필요로 한다. 모순 때문에 통일이 필요하며, 자연계의 운동변화 과정과 인류사회의 변화과정을 가진다.

다섯째, 도는 정치원칙·윤리 도덕규범이며, 국가를 다스리고 사회활동을 하는 도리이다. 정치원칙은 국가를 다스리고 천하를 화평케 하는 지도指導의 사상을 가리키는데, 정치제도의 원리·원칙 등을 반영한다. 윤리 도덕 규범은 삼강오륜·충효 및 삼종사덕三從四德 등을 가리킨다.

그러므로 도는 극도로 넓고 깊이를 가진 범주이다. 그러나 사상가·철학가들마다 해석이 다르고 여러 의미가 있으며, 또 모든 해석을 포괄하고 있는 것도 아니다. 이러한 복잡다단한 상황에 대해서는 결코 형이상학적으로 이해할 수 없다.

2. 도 범주의 변천

도의 의미는 단지 그 대강을 들 수 있을 뿐이다. 역대의 장구주소章句注疏상의 도에 관한 훈고전석訓詁詮釋을 우리가 다 논의할 수는 없다. 여기서는 다만 역사 발전의 순서에 근거하여 언급된 의미 변천의 맥락을 정리하고, 이로부터 도의 범주가 중국 철학 범주발전에 시종 관통했을 뿐만 아니라, 역사의 변천에 따라 부단히 구체적이고 풍부하게 구체로부터 추상까지 다시 추상으로부터 구체로까지의 논리과정을 구현했음을 볼 수 있을 뿐이다. 따라서 역사의 발전과 논리의 과정은 통일적인 것이다. 도의 변천은 대체로 다음과 같이 몇 단계로 나눌 수 있다.

은殷에서 춘추春秋까지

은주殷周 시기 금문金文에는 이미 도라는 글자가 보이는데, 도로의 의미를 갖고 있었다. 『역경易經』에는 도자가 네 번 보이는데, 모두 이러한 원초적 의미에서 사용된 것이다.

『시경詩經』에서는 도리와 방법이란 의미로 확대되었으며, 『좌전左傳』·『국어國語』에서는 도를 천도天道와 인도人道로 구분하여 자연과 사회를 포함시켰는데, 이는 도로라는 의미의 도와 비교하여 추상적인 개괄일 뿐만 아니라 내포가 확대발전되고 풍부해진 것이다.

춘추 시기에는 유가儒家와 도가道家의 창립자인 공자孔子와 노자老子가 각기 다른 각도에서 천도와 인도사상을 발전시켰다. 유가인 공자는 천도에 대한 언급이 드물다. 그는 자연 본체의 연구에 중점을 두지 않고, 인도의 탐색에 관심을 기울였다. 한편 노자는 천도를 중시하여 천도자연무위天道自然無爲로부터 본체론의 탐구에 깊이 들어갔다. 노자는 이미 도에는 구체와 추상·현상과 본체의 구별이 있을 수 있다고 자각했는데, 이것이 바로 말로 표현할 수 있는 생멸生滅의 도와 말로 표현할 수 없는 항상성恒常性의 도로 "도가 말로 표현할 수 있으면, 영원한 도가 아니다 道, 可道, 非常道"라는 것이다.

전국戰國시기

전국 시기에는 매우 많은 학파가 생겨났다. 도에 관한

학설·관점은 서로 모순되면서도 또한 서로를 더욱 빛나게 했다. 유·도 양가는 계속 발전했는데, 『장자莊子』에서는 노자의 도는 본원이고 법칙이라는 사상을 발휘하면서 아울러 인생의 도덕수양과 결합시켰다. 그러나 유·도는 또한 상호융합적 추세를 나타냈다. 유가사상을 주요 의미로 하는 『역전易傳』에서는 "형이상의 것을 일러 도라고 한다形而上者謂之道"는 명제를 제기하여 이후 도 범주의 발전을 규범 지었다. 여기서는 이미 도가·음양가의 사상을 융합하여 천도와 인도의 통일적 경향을 보여 주고 있다. 순자는 양자의 차이에 착안하여, 하늘과 인간의 차이를 밝힌다는 명제를 제기했다. 기타 사상가들은 각기 자신의 철학적 관점에 의거하여 도를 이해하고 해석했다. 이를테면 병가兵家에서 말하는 도는 용병用兵의 도를 가리키는데, 그것은 장기적인 전쟁의 경험과 교훈의 총결적 개괄로서 사회경제·정치·환경·인재人材와 전쟁의 관계로부터 전쟁의 전략전술에서 전쟁의 법칙을 추상했는데, 이는 병도兵道라고 할 수 있다. 법가法家에서 말하는 도는 법으로 국가를 다스리는 도를 가리키는데, 그들은 천도와 인도의 합일사상에서 출발하여 법으로 국가를 다스리는(인도) 데는 반드시 자연법칙(천도)을 따라야 한다는 것이다. 한비韓非는 법法·술術·세勢를 결합시켜 하나의 완전한 "도로써 법을 온전케 한다因道全法"는 사상을 세웠는데, 이는 법도法道라고 할 수 있다. 음양가는 음양으로 자연·사회·인체의 각종 현상 및 이러한 현상의 법칙성을 해석하므로 음양지도陰陽之道라고 할 수 있다. 도는 각각의 가에 의해 쓰이면서 각 파의 도가 되었다. 그러나 이 시대사조의 정수를 반영한 것은 천도와 인도의 측면에서 집중되었으므로, 총칭하여 천인지도天人之道라고 할 수 있다.

진한秦漢시기

이 시기에 중국은 중앙집권적 통일국가가 세워지면서 제후 분립의 국면이 마감되었다. 정치적 통일은 사상의 합일을 요구했다. '합合'은 시대의 정수가 되었으며, 유儒·도道·명名·법法·음양가陰陽家 등의 사상은 독립적으로 발전하면서도 상호융합하여 패도覇道와 왕도王道가 뒤섞이는 것이 시대의 조류였다. 『여씨춘추呂氏春秋』·『황로백서黃老帛書』·『회남자淮南子』는 모두 도는 '태일太一' 혹은 '일一'이라고 간주했다. 이 '일'이라는 것은 비록 무형의 분화되지 않은 혼돈의 상태였지만, 그러나 한 측면에서는 통일의 요구를 반영한 것이었다. 동중서董仲舒는 유술儒術만을 존중하고 백가百家를 배척할 것을 제의하는 동시에 '천인감응天人感應'의 사상을 그 이론적 기초로서 제기하여, '천인합일天人合一'로써 순자의 '천인지분天人之分'을 대체했다. 왕충王充은 동중서의 '천인감응'을 반대했지만, 단지 천天은 자연무위自然無爲라는 각도에서 동중서의 천天에 의지가 있고 유위有爲하다는 관점에 비판적 칼날을 댄 것일 뿐 천도와 인도의 합일에 반대한 것은 결코 아니었으며, 부부가 기를 합치면 자연히 자식이 생기고 천지가 기를 합하면 자연히 만물이 생긴다는 것과 같이, 역시 합일을 주장했다. 따라서 태일지도太一之道 혹은 일도一道는 진·한의 시대사조였다고 말할 수 있다.

위진남북조魏晋南北朝시기

한말의 농민 봉기는, 진·한 이래의 통일 국면을 깨뜨려 삼국·서진·동진·16국 시기에는 전란이 빈발하고 병화가 잇달았다. 국가의 분열은 사상의 영역에 투사되어 태일지도 혹은 일도적인 것이 부정되고, 그에 따라 도에 대한 각종각양의 해석을 출현시켰다. 하안何晏·왕필王弼은 도가사상을 주요 의미로 유가를 융합하여 현학사상을 형성해서, 유무有無·본말本末 등의 문제를 통한 토론을 시도하여 현실정치에 이바지하였다. 그들은 도를 무소유無所有 혹은 무無라고 보아 천지만물은 모두 무無를 본本으로, 다시 말해서 도(무)를 근본으로 한다고 주장했다. 배위裵頠는 왕필이 무無를 귀중히 여기는 것을 부정하고, 유有를 존숭할 것을 주장하면서 만유세계를 총괄하는 도는 유有이지 허무虛無가 아니라고 생각했다. 무는 만유萬有를 생성시킬 수 없고, "유를 이루게 하는 것은 모두 유 濟有者皆有"이며 "종극의 도 綜極之道"는 곧 유라는 것이다. 하안과 왕필의 도를 무의 도라고 한다면, 배위의 도는 간략히 유의 도라고 말할 수 있다. 곽상郭象은 왕필과 배위의 무도無道와 유도有道의 다툼을 거울삼아 현명독화玄冥獨化의 도를 주장하여 무도와 유도를 조화시키고 또 초월코자 했으나, 그의 도론道論을 한 걸음 더 진퇴양난과 모순의 곤경에 빠뜨렸다. 그밖에도 장담張湛의 유허지도柔虛之道, 불교의 열반지도涅槃之道 및 도교의 신선지도神仙之道 등이 있다. 그러나 이 시기의 주요 철학사조로 말한다면, 양한兩漢의 경학經學을 대신하여 출현한 현학玄學이라고 할 수 있다. 현학 중에서도 하안과 왕필의 귀무파貴無派가 당시 및 후세에 끼친 영향이 가장 크고 가장 심원했을 뿐만 아니라, 시대사조 또한 가장 잘 반영했다. 따라서 이 시기의 도는 간략히 말해 허무의 도, 혹은 무도無道라고 할 수 있다.

수당隋唐시기

불교는 동한東漢 시기 중국에 전입되고부터 장기적으로 중국 고유의 사상과 융합하면서 점차 중국에 전파되었고, 또 사원寺院 경제의 발전으로 인하여 더욱 흥성하였다. 도교는 한 대漢代에 처음 이루어졌는데, 위진 남북조의 발전을 거쳐 수당 시기에 이르러 역시 더욱 고조되었다. 불·도 양교는 중국의 문화사상에 심각한 영향을 주면서 중국의 전통 문화사상의 중요한 조성부문이 되었다. 당唐의 통치자는 비록 통일된 국가를 세우기는 했으나 사상적 통일은 이루지 못하고, 유儒·석釋·도道 3교를 모두 함께 받아들이는 정책을 취하였기 때문에 3교의 논쟁이 격렬했다.

도교는 도를 지극한 최대의 것으로 여겨 '중현의 도重玄之道'를 제창하여, 묘하여 말로 설명할 수 없고 심오한 도의 교의 및 그 자연自然·허통虛通·지정至靜·신도神道 합일의 사상을 묘사했는데, 중현의 도의 궁극적 목표는 장생불로長生不老하고 우화등선羽化登仙을 구하는 것이었다.

불교는 3교의 논쟁 중에 도에까지 언급했는데, 요지는 인과지도因果之道·보리도菩提道 혹은 중도中道에 통합을 가리키는 것이다. 불도의 종극적 목적은 도를 깨달아 부처가 되는 것이다. 도는 바로 성불의 정신적 경지이며,

이 경지에 통하는 수양과정이다.

유가儒家인 왕통王通·한유韓愈·유종원柳宗元 등의 불교와 도교 양교에 대한 태도에는 비록 차이가 있었지만, 도론道論에는 같은 점이 있었다. 왕통은 소왕素王(공자)의 도에 뜻을 두어 한유와 유종원의 고문운동을 유발시켰는데, 사실은 곧 유학 부흥운동이었다. 그들은 공자의 성인聖人의 도를 회복시키는 것을 소임으로 여겨 천도天道와 인도人道의 통일을 주장했다. 한유는 인도의 인의仁義라고 하였고, 아울러 유가의 도통론道統論을 처음으로 세워 불교의 법통法統에 맞섰으며, 유종원은 불도佛道를 함께 받아들여 천도는 음양이고 인도는 인의라고 설명한 것은 한유와 같았는데, 이는 곧 대중지도大中之道이다. 당시의 이론사유 수준으로 보면, 불교가 사변성思辨性을 가장 많이 갖추고 있어 도교나 유가가 맞설 수 없었다. 그러므로 불교를 이 시기 이론사유의 대표라고 한다면, 간략히 말해서 불도佛道라고 할 수 있다.

양송兩宋시기

한유와 유종원의 유학부흥운동은 북송北宋의 유학운동을 열었다. 북송 유학운동의 최대 특징은, 한·당 이래 경학經學의 소疏가 주注를 넘어서지 못한 오랜 구습을 깨뜨려, 경에 의심을 품고 경을 고치는 사상 해방사조를 출현시켜 일대의 학풍을 열었다는 데 있다. 양송의 각파 사상가들은 비록 도에 대한 논의는 서로 달랐으나, 모두 도를 구하는 것을 사명으로 삼았다. 낙학洛學의 정호程顥·정이程頤의 도에 대한 논의는, 위로 송 초기의 손복孫復과 석개石价의 도는 무궁하다는 관점과 소옹邵雍의 도본론道本論을 계승했다. 주돈이周敦頤와 소옹은 아직 자연현상과 사회현상에서 리理를 추상해내지 못했다. 그런데 이정李程은 도와 리를 결합시켜 리를 도로 보고, 아울러 그들 철학 논리구조의 최고 범주로 삼았다. 주희는 도학道學을 집대성하여 리가 도라는 방대한 철학체계를 세웠다. 도와 리는 내용은 같으나 이름이 다른 범주로, 한편으로는 자연우주와 통하고 천지만물의 기氣와 연결되어 우주의 본체와 자연계의 법칙이 되며, 다른 한편으로 도는 인간세계와 통하여 사회 윤리도덕의 원칙이 된다. 이 두 방면은 서로 연계되고 상호교류하여 도(리理·태극太極)를 최고범주로 삼는 철학 논리구조를 구성한다. 이정은 스스로 천리天理 두 자를 체득하였지만 리와 기의 관계를 완전하게 논술하지는 못했고 장재張載는 "태허가 곧 기 太虛卽基"라는 이론을 제기하여 기를 본체로 보았는데, 역시 기와 리의 관계를 타당성 있게 해결 짓지 못했다.

주희의 공헌은 바로 여기에 있다. 그는 리理(도)와 기의 관계를 상세히 설명하여, 기를 리(도)의 담당자요, 걸어놓는 것으로 여겼고, 리(도)는 기를 통하여 만물을 생성하고, 기는 리(도) - 만물 사이에 절대 없어서는 안 되는 중개자가 된다고 보았다.

관학關學의 장재張載는 기를 가지고 도를 논했는데, 도는 곧 기가 운동변화하는 과정이라고 생각하여 기가 도라는 단서를 제공했다. 육구연陸九淵의 심학心學학파는 남송南宋에서 우뚝 솟아 위로 맹자를 계승하고 정호를 중간고리로 삼았는데, 정호의 "마음과 도는 혼연하여 하나心與道, 渾然一也"라는 것을 "도는 자신의 마음 밖에 있는 것이 아니다道未有外乎其心"라는 사상으로 발전시켜, "마음이 곧 도心卽道"라는 단서를 열었다. 그 후 양간楊簡은 "사람의 마음이 바로 도人心卽道"라는 명제를 제기했다.

그밖에 왕안석王安石은 「신학新學」에서 도는 본말本末을 겸한다는 명제를 제기하여 원기元氣·자연·무규정無規定을 도의 본本으로 보고, 충기沖氣·형기形器·유규정有規定을 도의 말末로 보았다. 도는 본과 말의 통일인 것이다. 촉학蜀學의 소식蘇軾·소철蘇轍이 도를 철학의 최고 범주로 본 것은 왕안석과 마찬가지이다. 그들은 노자의 도사상과 불교의 "있고 없음을 모두 떨친다雙遣有無"는 관점을 받아들였다. 호상湖湘학파의 장식張栻은 "도는 기에 의지한 후에 행한다道托於器而後行"는 주장을 내놓았다. 금화金華학파의 여조겸呂祖謙은 도를 리라고 여겼을 뿐만 아니라, 도를 마음속에 두어 주희와 육구연을 조화시키는 경향을 보였다. 영강永康학파의 진량陳亮은 도는 사물을 떠날 수 없다고 여겼고, 영가永嘉학파의 섭적葉適은 도는 사물 속에 있다고 생각했다.

그러나 양송 시기에 비록 학파가 별처럼 많았지만, 모든 국민에 영향을 미치고 양송 시기의 사조를 대표할 수 있는 것은 도를 리로 보는 정·주학파로, 그들은 도학道學을 집대성하여 이론적으로 "광대함에 이르고 정미함을 다한다致廣大盡精微"는 경지에 도달했으므로 후세의 관방官方철학이 되었다. 따라서 도를 리로 보는 양송 시기의 도학은, 간단히 말해서 리의 도라고 할 수 있다.

원명元明시기

정程·주朱의 도학道學은 원명 시기에 통치사상으로 받들어져, 유학은 진정으로 독존獨尊적 지위를 획득했다. 선비들은 그것을 '공명功名 획득'의 수단으로 삼아 도학을 날로 강화시키고 정치화하여 사람들의 심신을 억압하는 질곡이 되게 했으며, 동시에 도학은 도덕지식, 즉

리 혹은 도를 강조하고, 주체적 마음의 도덕행위에 대한 선택적 지배작용을 무시하고 도道와 마음을 이분화하는 과실을 범했다. 그리하여 왕수인王守仁의 심학心學을 출현시켰다. 왕수인은 육구연을 계승하여 "마음이 곧 도요心卽道", "도는 곧 양지道卽視良知"라고 여겨, 사람들로 하여금 주체적 능동성을 발휘하여 내심으로부터 도를 구하게 함으로써 주체의 도덕행위에 대한 선택을 강조했으며, 도덕규범의 지식을 오직 주체적 선택을 통해서만 비로소 도덕적 실천이 될 수 있다고 생각했다. 심학은 왕수인의 발전을 거쳐 완전해진 것이다. 심학의 집대성자로서 왕수인은, 대담하고 용감하게 그 전의 교조敎條와 권위를 부정하여 크게 각성시키는 역할을 함으로써 거대한 영향을 끼쳤다. 왕수인의 심학에 대한 대답은 정주 도학과 명대 사회의 점진적인 해체였다.

그밖에 왕정상王廷相은 장재가 기氣를 가지고 도를 논한 관점을 발전시켜, 정주 도학에서 원기元氣에 리나 도를 부가시킨 데에 반대했다. 그는 "원기는 도의 근본元氣爲道之本"이라는 명제를 제기하여, 도는 사물의 법칙이며 기氣의 법칙이어서 "기가 변화하면 도도 변화한다氣有變化, 是道有變化"고 생각했다. 나흠순羅欽順은 왕정상과 유사하여 형기形器를 도 존재의 근거로 보았다. 이것은 원대

元代의 이학가理學家 유인劉因이 도를 사물의 체體로 본 것에 대한 비판이다. 이 시기에 가장 큰 영향력을 가졌던 것은 심학心學으로, 마음을 도라고 여기는 것은 대표적 시대사조로서, 간단히 말해 '마음의 도心之道'라고 할 수 있다.

명청明淸시기

청 귀족의 중국 진입과 명의 멸망은, 사람들로 하여금 관방官方 철학으로서의 정주程朱 도학道學과 일세를 풍미한 육왕陸王 심학心學에 대해서 반성하도록 촉진했다. 도학과 심학은 역사의 변천 속에서 갈수록 그 모순을 드러냈다. 입으로만 심성心性을 말하는 것은 이미 사회의 화근과 해독이 되었다. 실사실공實事實功을 추구하는 하나의 경세치용經世致用 사상이 출현한 것이다. 유종주劉宗周는 도체道體로서 성체性體와 심체心體를 초월시키고자 했는데, 그의 제자 황종희黃宗羲는 기氣를 도로 삼고, 또한 양지良知를 도로 삼았다. 리理·기氣·마음의 모순을 조화시켜 정주육왕학程朱陸王學의 한계를 극복하고자 하는 추세는 이미 피할 수 없는 대세였다. 방이지方以智는 "기가 바로 도卽氣是道"라고 주장했고, 왕부지王夫之는 기氣를 가지고 도를 말했으며 도를 실유實有라고 생각했다. 안원顔

元·이참李塨은 실제를 추구하는 학풍을 제창하여 도는 일상적인 인륜人倫 속에 있다고 주장했다. 대진戴震은 도를 '실체실사實體實事'라고 생각하여 기화氣化가 곧 도라고 여겼다. 이 시기 도에 관한 논의의 주요 경향은, 형이상의 것을 형이하의 기器나 기氣에 구체화시켜 직접 형이하의 기器와 기氣를 가지고 도를 논하여 실사실공實事實功을 추구하는 시대정신의 구현이었다. 정주程朱 도학의 이론 사유방식이 추상과 구체·형이상과 형이하·이론과 실제가 서로 분리된 것을 그 특징으로 한다면, 명청 시기 철학자들의 도에 관한 논의는 곧 구체와 추상·개별과 일반·실제와 이론의 통일을 강조하는 것을 그 특징으로 한다. 이 시대의 정신과 함께 일치되는 것은 기氣를 도로 보는 것으로, 간략히 칭하여 기의 도라고 할 수 있다.

아편전쟁 후의 근대 중국

아편전쟁 후 자본제국주의가 침입하면서 서방문화가 물밀 듯이 들어와 중국 전통의 경제·문화와 격렬한 충돌을 일으켰다. 이 충돌의 반응이 곧 '고금중서古今中西'의 다툼, 즉 중체서용中體西用과 서체중용西體中用·기器는 변해도 도는 변하지 않는다는 것과 도와 기는 모두 변한다는 논쟁이었다. 자산계급 민주사상을 가졌던 강유위康有

爲·담사동譚嗣同·엄복嚴復 등은 자산계급의 인권·자유·평등·박애 등으로 도를 해석하여 봉건적 삼강오륜을 맹렬히 비판하고, 도에 자산계급 인도주의적 내용을 부여했다. 후에 손중산孫中山은 사회주의를 인도주의와 융합시켜 인도주의는 곧 사회주의라고 생각했다.

중국의 도 범주의 변천은, 은·주로부터 청 왕조의 멸망까지 계속 3천여 년의 오랜 세월 동안 도로道路의 도→불도佛道→리理의 도→마음의 도→기氣의 도→인도주의의 도의 아홉 단계를 거쳤다. 각 단계의 철학사조·시대정신이 역사의 발전에 직접 반영되어, 논리와 역사의 통일을 구현했던 것이다.

3. 도 범주의 특징

중국의 도 범주발전의 역사는 각 역사단계 철학사조 총결의 연속으로, 중화민족의 자연과 사회와 인류의 사유의 가장 일반적 법칙에 대한 인식의 부단한 심화를 표현한다.

도는 중국 철학 범주계통 가운데 중요한 범주로서, 다른 계열 범주와의 연계와 역사적 변천 중에 그 자신의 특징을 형성했다.

본체론과 생성론의 통일

이른바 본체론本體論과 생성론生成論은 간단히 말해서 전자는 존재 근거에 관한 학설이고, 후자는 우주의 생성 혹은 세계의 본원에 관한 학설이다. 이것은 서방 철학에서는 두 개의 다른 발전단계로 표시되나, 중국 철학에서는 종종 통일된 것이었다. 노자가 말로 표현할 수 있는 도는 이성적 사유를 거쳐 추상抽象이 영원한 도가 된다고 했을 때는, 구체적이고 말로 할 수 있는 도의 그러한 까닭 혹은 생성 이유의 탐구에 대한 사람들의 자각을 표현하는 것이다. 『좌전左前』·『국어國語』 및 『논어論語』·『맹자孟子』에서 말하는 선왕先王의 도·군자君子의 도·인생人生의 도, 이른바 "아침에 도를 들으면 저녁에 죽어도 좋다朝聞道, 夕死可矣"라든가 "나의 도는 하나로 꿰뚫고 있다吾道一以貫之", "천하를 얻는 데는 도(방법)가 있다得天下有道", "그 백성을 얻는 데는 도(방법)가 있다得其民有道" 등은 모두 말로 표현할 수 있는 도에 속한다. 따라서 노자의 이러한 자각은, 그 가치 지향으로 말하며 철학적 자각이라고 할 수 있다. 이 철학적 자각은 두 가지 측면의 의미를 가지고 있다. 한편으로는 세계만물의 생성에서 말하면, 도는 세계만물을 생성케 하는 기본적 시초 혹은 본원이다. 노자는 "도는 하나를 낳고, 하나는 둘을 낳으며, 둘은 셋을 낳고, 셋은 만물을 낳는다生一, 一生二, 二生三, 三生萬物", "세상의 만물은 있음에서 나오고, 있음은 없음에서 나온다天下萬物生於有, 有生於無"라고 하였다. 이렇게 도를 천지에 앞서 생겨났고, 또 천지만물의 기본적 시초라고 보는 관점은 천지만물의 기원문제와 직결된다. 그것은 춘추시대의 천지만물을 주재한다는 의지를 가진 하늘에 대한 부정으로, 당시 철학에 대한 새로운 시도였다. 다른 한편으로는 세계만물의 본체론에서 말할 때, 도는 세계만물 존재의 보편적 근거 혹은 그렇게 된 까닭이다. 노자는 "큰 도는 매우 널리 퍼져 있어 존재하지 않는 곳이 없다. 만물은 그에 의지하여 생장하며 사양하지 않는다大道汜兮, 其可左右, 萬物恃之而生而不辭"고 하였다. 도는 곧 천지만물이 의지하여 존재하는 보편적 근거이다. 도가 만물의 존재근거라고 말하는 이유는 두 가지 측면을 기초로 하고 있다. 첫째, 도는 보편성을 지니고 있다. 광범하여 없는 곳이 없고, 존재하지 않는 곳이 없다. 둘째, 도는 종주성을 구유하고 있어 "깊고 깊어 마치 만물의 주재 같아淵兮似萬物之宗" 만물이 의지하는 종주宗主이자 만물이 깊이 간직하고 있는 내핵內核이며, "도라는 것은 만물의 오묘함이다道者, 萬物之奧"이렇게 노자의 철학 논리 중에서는, 도가 본체론과 생성론의 통일구조로 구현되었다. 이 점은 중국의 모든 고대와 근대 철학에 영향을 끼쳐 중화민족 철학의 특징이 되었다.

『장자莊子』에서는 『노자老子』의 이 통일구조가 계승되었다. 『대종사大宗師』에서는 이렇게 말한다. 도는 "스스로 근본이 되어 천지가 아직 있지 않던 옛날부터 이미 존재하여自本自根, 未有天地, 自古以固存" 자기 자신의 근본으로 삼았다. 즉 도는 자기 자신을 천지만물의 그렇게 되는 바로 삼았다. 이것은 본체론적 표현이다. "귀신과 하나님을 낳았고, 하늘과 땅을 낳았다神鬼神帝, 生天生地"는 것은 곧 생성론적 표현이다. 이 양자는 또 모두 도의 속성과 기능이다.

송·원·명·청 시기의 이학가理學家들이 리理로써 도를 말했건 마음을 가지고 도를 말했건 혹은 기氣로써 도를 말했건, 모두 이 통일구조의 발전이자 완전함이었다.

주희는 "도는 곧 리를 말하는 것이다道卽理之謂也"라는 전제하에, 도의 본체론과 생성론의 통일구조를 상세하고 철저하게 논술했다. 도는 형이하적 기에 상대적인 형이상의 것과 음양이 되게 하는 것으로 본체이다. "도 전체는 혼연일치되었으나 정밀함과 거침·본과 말·안과 밖·객체와 주체의 구분이 그 안에서 너무도 분명하여 털끝만한 차이도 있을 수 없다夫道體之全, 渾然一致, 而精粗本末內外賓主之分, 粲然於基中, 有不可以毫釐差者"(『태극도설해太極陶說解·부변附辯』) 이것은 도의 본체에서 말한 것이다. 만물을 생성하는 본원에서 말하면, "천도는 널리 행하여 조화발육시킨다天道流行, 造花發育." 도는 기를 통하여 천지만물을 생성한다. "또 천지간의 사람과 사물과 풀과 나무와 날짐승과 뭍짐승 같은 것들은 그것이 낳은 것이니,

시를 갖지 않음이 없고, …… 이것은 모두 기이다且如天地間人物草木禽獸, 基生也, 莫不有種, …… 這個都是氣"(《주자어류朱子語類》권1) 주희의 도기道氣 통일에 대한 명백한 논술은 이론사유의 최고 수준에 도달했다.

왕정상王廷相은 기氣로써 도를 논했다. "도체는 무가 유를 낳는다거나 유가 무를 낳는다고 말할 수 없다. 천지가 아직 갈라지지 않아 원기가 함께 뒤섞여 있고 맑음과 허령함이 구분되지 않는 조화의 본래 기틀이기 때문이다道體不可言無生有有生無. 天地不判, 元氣混, 淸虛無間, 造化之元機也"(『신언愼言·도체道體』) 천지의 기원에서 도체를 설명한 것이다. 도(원기元氣)는 또 천지가 의지하여 존재하는 근거로, "사물의 허와 실은 모두 기로서 조화의 실체를 위아래로 완전히 통한다物虛實皆氣, 通極上下造花之實體也"(『신언愼言·도체道體』) 실체에는 본체의 의미가 있다. 왕부지王夫之는 장재張載와 왕정상王廷相의 기氣를 가지고 도를 논하는 사상을 계승하여 최고의 수준에 도달했다.

중국 고대의 도에 관한 논의 중에 어떤 것은 본체론을 중시했고, 어떤 것은 생성론을 중시하기도 했으며, 혹은 양자가 서로 영향을 주고받아 결합하기도 했다.

이론사유의 수준으로 말한다면 본체론이 생성론에 비해 결코 높은 것이 아니어서, 우열이나 고저를 가리는 것은 근거가 없다. 엥겔스는 유물론과 유심론의 표준을 설명하면서 본원에 근거하여 구분했다. 중국에서 본체와 본원의 통일구조를 말한 것은 뛰어난 점으로서, 이것은 사람들로 하여금 세계만물의 본체와 본원에 대해서 전체적이고 유기적인 사고를 하도록 촉진했다.

본체론과 윤리학의 통일

중국 철학의 이 현저한 특징은 도 범주 중에서 구현되었다. 중국 고대에는 천지만물의 그러한 바의 것을 탐구하는 동시에, 인간관계 문제 또한 연구되었다. 노자는 도를 천지만물의 본체이자 본원이라고 규정하면서, 또한 인생 도덕수양의 최고 경지라고도 규정했다. "큰 덕을 지닌 사람의 행동은 오직 도를 표준으로 삼아 움직인다"(『노자』 제21장) 도덕수양의 내용은 무위·무욕·무지로, 사람이 도덕수양을 통하여 도의 자연스럽고 순박하며 갓난아이와 같은 경지로 되돌아감을 말한다. 그는 인의를 도의 내포로 보는 것에 반대하고, 덕·인·의·예를 모두 도를 잃은 이후의 표현으로 간주했다. 공자는 스스로 "도에 목표를 두고 덕에 근거하여 인에 의지한다"고 했다. 도와 도가 아님을 저울질하는 표준은 인과 불인이다. 인을 도의 중요 내용으로 하는 것은, 곧 도의 가치 지향이다. 맹자는 "인의 의미는 사람인데, 합쳐 발하면 도이다"라고 하였다. 공자와 맹자가 윤리를 중시하고 본체를 홀시하는 실수를 했다면, 순자는 노자와 마찬가지로 본체론과 윤리학을 함께 전체적으로 사고했다. 그는 도가 운동변화하여 만물을 생성하는 근거라고 생각하여 "큰 도는 변화하여 만물을 생성케 하는 것이다"(『순자·애공』)라고 하였고, 또 도는 "사람이 행하여야 할 바"요, "군자가 행해야 할 바"(『순자·애공』)라고 생각했다. 거기에는 인의예법을 포괄적으로 내포하고 있다. "예는 사람이 행해야 할 최고의 것"(『순자·예론』)이라는 것이다. 순자가 노자와 구별되는 점은, 노자는 인의가 도를 잃은 것으로 봄에 반해 순자는 인의를 도로 보았다는 것이다. 따라서 순자는 선진의 사상을 종합하는 경향을 구유하고 있으며, 또한 자신의 특색도 지니고 있다.

당 중엽 이후, 한유와 유종원은 유학부흥의 실마리를 열었다. 한유는 천도·지도·인도를 개발하여 노라고 했다. 천도를 말할 것 같으면, 도는 선을 상 주고 악을 벌할 수 있으며, 천하의 사람과 사물을 주재하는 의지를 갖고 있는 하늘이다. 하늘은 만물이 그러한 바라는 면에서 말한다면, 도는 본체이다. 도는 인도로서 곧 인의윤리도덕인데 "널리 사랑함을 인이라 하고, 행하여 마땅함을 의라고 하며, 이로 말미암아 그에 이르는 것을 도라고 한다" 이 도는 유가의 성현이 한 줄기로 전하는 인의도덕으로, 곧 '도통'이다. 유종원도 도를 논함에 있어 역시 천도와 인도로 나누었다. 천도는 본체를 가리켜 말했고, 인도는 도덕윤리를 가리켰다. "사람의 도덕은 하늘의 음양과 같다. 인의충신은 춘하추동과 같다. 명리의 작용을 가지고 항구적인 도를 운용하므로 네 계절을 이루고 음과 양을 행한다"(『천작론·유종원집』권3을 보라) 천도의 내용은 음양의 기 혹은 원기이고, 「명리」와 「항구」는 『주역』의 「설괘전」과 「단전」의 이괘와 항괘에 대한 해석으로, 그 의미는 천도가 네 계절을 이루면서 음양을 행하는 근거임을 말하는 것이다. 인도의 내용은 대중의 도, 즉 인의의 도이다.

송·명의 이학가들은 도를 설명하고 도를 연구하는 것을 사명으로 삼았는데, 주희와 여조겸이 공동으로 편집한 이학 입문서인 『근사록』에서 「도체」를 첫머리에 놓은 것은, 본체로서의 천도를 말한 것일 뿐만 아니라 윤리로서의 인의예지신을 말한 것이다. 정·주가 리를 도로 보았건, 장재·왕정상·왕부지가 기를 도로 보았건, 육·왕이 마음을 도로 보았건 간에 모두 본체론과 윤리학에 대하여 통일적으로 사고한 것으로, 아울러 가장 완전한 정도에 도달한 것이다. 설령 도학·기학·심학에서의 천지만물 본체가 각기 다르다 하더라도, 도·기·마음이 구유하고 있는 도덕 윤리규범·원칙은 모두 인의예지신 및 충효자경이다.

도 범주의 역사적 변천 속에서는 본체를 중시하거나 윤리를 중시한 차이가 있었다 하더라도, 본체와 윤리의 통일은 보편적 특징이라고 말할 수 있다. 따라서 이른바 중국 철학은 윤리형으로 윤리 본위만을 말했을 뿐 자연본체는 설명하지 않았다는 설이 있는데, 이는 당연히 중국 철학의 실제에는 부합되지 않는다. 그러나 또한 본체의 윤리화나 윤리의 본체와 경향이 있기도 했다.

본질론과 현상론의 통일

중국의 고대 철학자들은 천지만물의 본질을 연구하고, 아울러 그것은 바로 도라고 생각했다. 그들은 그것이 사물 내부에 깊이 간직되어 있어 사람들에게 보이지도 않고 만져지지도 않으며 감각기관으로 느낄 수도 없지만, 사물의 근본성질이라고 생각했다. 현상은 사물의 외부연계이며 표면적 특징이고 사물의 외재적 표현으로, 감지할 수 있고 말로 표현할 수 있는 것이다. 노자는 전자를 '상도'라고 했고, 후자는 '가도'라고 이름 지었다. 말로 표현할 수 있는 도는 현상을 표시하는 도이고, 항상지도는 본질에 속하는 도이다. 양자는 비록 차이가 있지만, 통일적인 도의 두 방면인 것이다.

송명 시기에 왕안석은, 본질론과 현상론에 대하여 통일적으로 사고하면서 노자의 사상을 발전시켰다. 그는 이렇게 말한다. "박이란 것은 도의 근본으로 흩어지지 않는 것이다. …… 박이 흩어지지 않으면 비록 작더라도 사물의 주재자가 되기에 충분하다. 박이 흩어져 기가 된다"(『노자주』, 팽사의 『도덕진경집주』권8을 보라), "기란 도가 흩어진 것이다"(『홍범전·임천선생문집』권65) 도는 천지만물의 근본이고 본질이다. 도에는 체와 용이 있는데, 도체의 측면에서 말하면 도는 형체도 없고 위치도 없으며, 도용의 측면에서 말하면 도에는 형체도 있고 위치도 있다. 도는 체와 용·유와 무의 통일이다. 왕안석은 노자의 박자를 빌어 와, 도는 혼돈하고 흩어지지 않은 본질 상태임을 설명하고 있다. 도는 본질일 뿐만 아니라 사물의 성질을 결정하는 기능을 갖고 있다. 박의 분산이나 도의 흩어짐이 구체적 사물인 기인데, 기는 도의 외재적 표현이며 현상이다. 현상은 사물 본질의 구체적 표현으로서, 주희 철학의 논리구조에서 정확하게 논술되었다. 주희는 해나 달이나 별이나 사람이나 사물이나 새나 짐승 등은 모두 형이하의 기, 즉 구체적 사물의 현상이다. "그러나 이 형이하의 기 속에는 스스로의 도리를 갖고 있는데, 이것이 곧 형이상의 도"라고 생각했다. 주희는 또 의자·부채를 사물의 현상으로 보고, 의자·부채가 그렇게 만들어지고 그처럼 쓰이는 것이 바로 물리이고 "사물의 이치가 곧 도"이며, 사물의 본질이라고 생각했다. 본질로서의 도는 구체적 기물로서의 도와는 구별되는 것으로, 이것은 단지 통일적 도체의 양방면이고, 도의 유기적 전체이다. 본질과 현상은 기본적으로 일치하는 것으로, 현상이 진상과 가상으로 구분된다 하더라도 또한 본질의 한 표현인 것이다. 사람들은 보통 사물의 필연적이고 보편적이며 상대적으로 안정적인 내부연계를 일컬어 본질 즉 도라고 하는데, 이 도는 법칙과 같은 범주에 속한다. 따라서 본질과 현상의 통일은 다른 의미에서 말하면 법칙과 사물의 통일구조이다.

이상에서 말한 도의 본체론과 생성론·본체론과 윤리학·본질론과 현상론의 통일구조는, 단지 도의 몇몇 주요 특징일 뿐 저들 중국 철학 범주의 전체 계통 중에 영향을 끼치거나 작용을 일으킨 면에서 말하면 결코 도의 모든 특징은 아니다.

제4장 도교와 도가

도교와 도가, 그 둘의 관계는 어느 것보다도 가깝다. 그러나 결코 하나가 될 수 없는 독립적인 관계를 서로 유지하고 있다. 둘의 관계는 도가와 유가 혹은 도가와 불가의 관계와도 다르며, 유가와 유교 혹은 불가와 불교의 관계와도 다르다. 도교는 중국문화의 많은 것들을 흡수하여 성장한 토생토장土生土長의 중국 국적 종교다. 그래서 노신魯迅은 "중국의 근본은 도교에 있다"고 말하였는지 모른다.

도교문화는 중국전통문화의 중요한 구성부분을 이루었는데, 돌이켜 생각해 보면 도교의 탄생에서부터 이미 그러한 요소들이 내재되어 있었다.

도교는 수많은 중국문화를 두루 흡수했다. 그 중에서도 첫 번째, 고대종교와 민간무술民間巫術을 흡수했다. 고대 중국에 유행했던 자연숭배와 귀신숭배는 바로 도교 탄생의 온상이다. 두 번째, 전국戰國시대에서 진한秦漢시기에 이르는 신선神仙들의 전설과 방사方士들의 방술方術을 흡수했다. 세 번째, 도교는 선진시기 노장철학과 진한시기 도가 학설을 적극 흡수했다. 네 번째, 유학과 음양오행陰陽五行 사상을 흡수하고 받아들였다. 장각張角 등의 초기 도교가 농민봉기를 할 때 이용한 것은 민간도교 조직이외에도 유가와 음양오행이다. 왜냐하면 그 속에도 자신들의 뜻에 부합되는 것들이 많았기 때문이다. 다섯 번째, 고대의 의학지식과 체육 위생지식을 흡수했다.[32] 물론 그 외에도 기타 여러 가지 기초과학 지식이나 문학, 예술, 음악 등 중국문화를 고루 흡수하여 소화했다. 그러나 도교의 형성과 발전에 가장 많은 영향을 미쳤던 것은 바로 도가철학이다. 그래서 도가에서 받드는 많은 경전과 인물들이 도교에서 새롭게 재편성되거나 그대로 이전되어 추앙 받았다. 반면에 도가의 영향이 미약해진 위진魏晋시기 이후 지금까지 도가의 모습은 표면적으로 도교 속에 가장 많이 용해되어 전해진다. 그래서 오늘에 이르러 도가와 도교는 그 구별이 더욱 어렵게 되었는지 모른다. 도가의 자취를 도교를 통해 연구하기 위해서라도, 혹은 도교의 원형을 도가 속에서 알아보기 위해서라도 도가와 도교의 관계를 체제적으로 정리하는 연구와 작업은 꼭 필요하다. 아래의 글에서는 이러한 의도의 하나로 그 둘의 관계를 좀 더 구체적으로 알아보고자 한다.

---

32) 『中國道教』, 牟鍾鑑, 廣東人民出版社, 1996년, 4~14쪽.

1. 도가와 도교의 비교

역사 속의 도가와 도교

선진시기 이후부터 지금까지 유가와 묵가의 명칭에 대하여, 그 명칭이 자신들 스스로 부른 것인지 혹은 남들이 그렇게 불러준 것인지, 다른 어떤 이론을 제기하는 사람은 없다. 그러나 도가와 도교를 지칭하는 것은 이것과 조금 다르다. 도가와 도교라는 이름은 그들의 실재보다 뒤에 붙여진 것으로, 선진 노장시기에도 학파의 통일된 명칭이 없었다.

도가라는 명칭은 사마담司馬談의 『논육가요지論六家要指』에서 시작하여 점차 많은 사람들에게 받아들여졌다. 한대漢代 학자들은 도가를 황로학黃老學이라 불렀지만, 위진시기 이후에는 도가라는 명칭이 황로黃老를 대신하여 널리 정착되었다.

도교의 명칭은 한말漢末의 『노자상이주老子想爾注』에서

처음 보인다. 그러나 당시 사람들은 민간도교를 일반적으로 '황로도黃老道'라 칭하거나 혹은 구체적으로 오두미도五斗米道, 태평도太平道 등으로 칭하였고, 상층부의 신선방술神仙方術에 대해서는 신선가神仙家라 칭했다. 서한 말 유흠劉歆이 쓴 『칠략七略』에서는 도가와 신선가를 따로 기록하였는데, 도가에는 단지 노장학老莊學만이 포함되어 있었다. 도교가 출현한 뒤, 도교는 노자와 『도덕경』에 의탁했고, 신선가는 도가에 병합되었으며, 부록과교符籙科教[33]도 도가에 속하게 되었다. 위진남북조 시기에는 도교적 성격을 띤 유파와 학설들을 일컬어 '도道'·'노老'·'선도仙道'·'도가道家' 등으로 불렀다. 예를 들면 갈홍葛洪은 '도가道家'·'선도仙道'라 스스로 칭하였고, 『위서魏書』에서는 불도佛道를 일러 '석로釋老'라 칭했다. 당唐 이후로 청淸대에 이르기까지 사람들은 어떤 때는 '도교'라 칭하고 어떤 때는 '도가'·'노학'이라고 칭했지, 구태여 도가와 도교를 구분하여 부르려 하지 않았다. 예를 들어 한유韓愈는 '불노佛老'를 비판했는데, 거기서 '노'라는 것은 '인과 의를 버리는去仁與義' 노학老學과 장학莊學을 가리킬 뿐만

---

33) 부록符籙: 미래에 발생할 일을 적어 놓은 글. 비슷한 단어로 부참符讖·부서符書.

과교科教: 도교의 재초과의齋醮科儀, 수도 방술 및 이에 상응하는 규범 조문.(역자 주)

아니라(『원도原道』를 볼 것) 신선도교神仙道敎(『수씨자誰氏子』를 볼 것)를 지칭하는 것이었다. 주희朱熹가 '불로佛老'를 비판할 때 말한 '노'가 무엇을 가리키는 것인지 확실하지 않다. 『구당서·경적지舊唐書·經籍志』·『명사·문예지明史·文藝誌』·『청사고·예문지淸史稿·藝文志』 등에서는 '도가'라는 명칭을 모호하게 사용하고 있다. 『도장道藏』에 수록된 도서道書들을 보면 도가 저서들까지 포함하고 있어, 도교의 전적과 도교 이외의 문장에 대한 명확한 구별과 구분이 어렵다. 역사학자들은 습관적으로 '유儒·석釋·도道'를 일러 삼교三敎라 칭했는데, 그 중 '도'는 도교와 도가를 모두 포함한다. 이와 같이 '도가' 개념이 모호하고 광범위하여, 근현대 학자들 역시 이러한 혼돈과 혼란에서 완전히 벗어날 수 없었다.

가장 먼저 노장학老莊學과 신선부록神仙符籙을 구별한 사람들은 남북조南北朝시기의 일부 불교학자들이었다. 그들은 불佛과 도道의 상호 비판 과정에서 도가를 완전히 부정하는 것에 한계를 느껴 도교만을 선별하여 그 비판 대상으로 삼았다. 명의 승소僧紹가 지은 『정이교론正二敎論』에는 노장학을 장생술이나 부록과는 다르다고 했다. "도가의 종지는 『노자』의 두 경에 있고, 현玄의 오묘함을 설명하는 것은 『장자』 일곱 편에 실려 있다. 일一을 얻어 영靈을 다하나 형체가 변하는 기이한 소리를 듣지 못했고, 장수하는 것이나 요절하는 것이 같은 삶에서 죽음이 없다는 노래를 보지 못했다".[34] 노학老學의 가치는 "몸을 닦고 나라를 다스리고, 고귀한 것과 숭상하는 것을 끊어 버리며, 일을 멈출 때를 제대로 분별하고, 허무를 근본으로 삼고, 부드러움과 약함을 용用으로 삼는 것"[35]에 있다. 그러나 모든 장생도술은 "노장의 말과 이치에 크게 어긋난다".[36] 그러면서도 "욕심을 버리고 선에 나아가는"[37] 역할을 지니고 있다. 장릉張陵과 갈홍葛洪에 이르러서는 "괴이하고 허황되게 세상을 미혹시키는"[38] 상태가 되어 논할 바가 못 된다고 했다. 유협劉勰이 지은 『멸혹론滅惑論』에서는 도가를 '삼품三品'으로 나누어 해석했다. "도가에서 세운 법을 살펴보면 거기에는 세 가지 등급이 있다. 첫 번째 등급에서는 노자를 기본으로 하고, 다음은 신선을 말하고, 그 아래는 장릉을 따른다."[39] 노

---

34) "道家之旨 其在老氏二經 敷玄之妙 備乎莊生七章 而得一盡靈 無聞形變之奇 彭殤均壽 未睹無死之旨"

35) "修身治國 絶棄貴尙 事止其分 虛無爲本 柔弱爲用"

36) "大乖老莊立言本理"

37) "捐欲趣善"

38) "怪誕惑世"

장은 상품이고 신선은 중품이며 부록은 하품이다. 도안道安은 『이교론二敎論』에서 지적하길 도가에서 도道는 뛰어나고 선仙은 부족하며 귀도鬼道는 가장 아래에 속한다고 말했다. 이들 학자들은 노장을 가장 뛰어난 것으로 여겼고, 신선을 조금 낮게 보았으며, 부록符籙을 증오하여, 귀족적인 의식과 학자적인 기질을 보여주었다. 그러나 그들이 삼분법을 써서 노장, 신선, 부록의 다른 점을 밝힌 것은 실제 생활 속의 도가, 단정丹鼎, 부록 삼대유파의 차이와 잘 부합된다. 이것은 도가와 도교를 구별하여 인식했다는 측면에서 커다란 진보를 이루었다. 이러한 인식의 성과는 일반 학술계에 미쳐, 『신당서新唐書·예문지藝文志』와 『송사宋史·예문지藝文志』에서 도가와 신선가를 구분하여 기술하게 되었다. 『원사元史』에는 『석로전釋老傳』이 따로 있었는데 여기서 '노'는 오로지 도교만을 가리키는 것이다. 그리고 별도로 『은일전隱逸傳』을 두어 도가의 은자隱者들을 기술했다. 마단임馬端臨은 『문헌통고文獻通考』의 『경적고經籍考』에서 도가를 다음과 같이 더욱 자세하게 구별했다.

> 도가의 술術은 복잡다단하다. 대체로 청정淸淨이 하나의 설이고, 연양煉養이 하나의 설이며, 복식服食 또한 하

39) "案道家立法 厥品有三 上標老子 次述神仙 下襲張陵"

> 나의 설이다. 그리고 부록도 하나의 설이면서, 경전과교經典科敎 또한 하나의 설이다. 황제, 노자, 열어구, 장주의 글에서 말하는 것은 청정무위일 뿐이며, 연양하는 일은 대략 언급했으나, 복식 이하는 말하지 않았다. 적송자赤松子와 위백양魏伯陽의 무리에 이르러서는 연양을 말했지 청정을 말하지는 않았다. 노생盧生, 이소군李少君, 난대欒大의 무리들은 부록을 말하였지, 연양과 복식를 말하지 않았다. 두광정杜光庭에서 근세 황관사黃冠師의 무리에 이르기까지 이들은 주로 경전과교만을 말했다. 소위 부록이라 말하는 것은 그 가르침 가운데 하나다. 그래서 청정무위의 설만을 말한 것은 아니나, 그 취지를 알 수 없다. 비록 연양복식의 책이라 말하지만 그것에 대하여 물어본 적은 없다.[40]

마단임馬端臨은 명明의 승소僧紹와 유협劉勰을 계승하면서 그들을 뛰어 넘었다. 그는 도가의 방법이 실제로 '잡다하고 번잡雜而多端하다'고 여겼으며, 아울러 그것들은 대체로 다섯 종류로 나뉜다고 여겼다. 노장학에서부터 연단과 복식에 이르기까지, 그리고 다시 부록과 과교에

---

40) 『文獻通考』'經籍考', 馬端臨. "道家之術, 雜而多端. 盖淸淨一說也, 煉養一說也, 服食又一說也, 符籙又一說也, 經典科敎又一說也. 黃帝 老子 列御寇 莊周之書 所言者淸淨無爲而已 而略及煉養之事 服食以下所不道也 至赤松子 魏伯陽之徒 則言煉養而不言淸淨 盧生 李少君 欒大之徒 則言服食而不言煉養 張道陵 寇謙之之徒 則言符籙而俱不言煉養服食 至杜光庭而下 以及近世黃冠師之徒 則專言經典科敎 所謂符籙者 特其敎中一事 于是不惟淸淨無爲之說 略不能知其旨趣 雖所謂煉養服食之書 亦未嘗過而問焉矣".

이르기까지, 그 추세는 눈덩이처럼 커져, 뒤로 가면 갈수록 점점 그 본래의 진면목을 잃어갔다. 그러나 마단임의 주장에는 다소 문제가 있다. 황제黃帝의 책은 가탁假託한 것으로 노장의 책과 함께 놓을 수 없다. 연양煉養, 즉 단정丹鼎은 내단內丹과 외단外丹으로 나뉘는데, 그것과 부록은 병립하여 도교의 양대 유파를 이룬다. 그러나 복식은 도술의 일종으로 같이 놓을 수 없다. 경전과교는 도교조직활동의 특징이지 독립적으로 하나의 계열을 이루는 것이 아니다. 노장의 학은 바로 세속의 학술이지만, 연양煉養 이하의 것들은 출세간의 종교로 이 둘 사이의 커다란 차이는 오히려 도교내부에서 종종 작은 차이로 여겨지곤 했다.

현대학자들의 구별

현대에 들어와 많은 동양학자들이 서양 종교학의 영향을 받게 되면서, 초보적인 현대적 의미의 종교개념이 생겨나기 시작하였고, 그러면서 이론적인 측면에서 도가와 도교를 구분하기 시작했다. 도가에 속해 있던 신선, 부적, 과의 등의 내용들을 종교로 처리하였으며, 선진시기의 노장과 그 후학들을 분리했다. 현대적 의미의 도교사는 바로 이러한 연구자들에 의해 새롭게 발견되면서,

지속적으로 많은 연구가 진행되었다. 일본학자 소류사기태小柳司氣太의 『도교개설道教概說』, 처목직양妻木直良의 『도교연구道教之研究』, 상반대정常盤大定의 『도교발달사개설道教發達史概說』 등은 종교 영역에서 도교를 연구대상으로 삼은 것이다. 중국학자 부근가傅勤家의 『중국도교사中國道教史』(1937년 출판)는 중국에서 제일 먼저 쓰인 도교통사다. 그는 결론 부분에서 "도가의 말들은 마음을 맑게 하며 욕심을 줄이면서 수양을 쌓아 가는 것이다", "도교는 홀로 불로장생不老長生하고, 변화되어 하늘로 날아 올라가길 원하였다"고 말하여 도가와 도교를 본질적으로 구분했다. 그러므로 이 책에서 주장하는 도교는 도가와 밀접하게 연결된 것이지, 도가를 뒤죽박죽 섞어 놓은 것은 아니다.

최근 10여 년 동안 도교 연구는 비약적으로 발전하여, 이와 관련된 논문들이 매일 쏟아져 나오고 있다. 그러나 아직도 도가와 도교의 관계에 대한 연구는 만족할 만한 결과를 얻지 못하고 있다. 학계에서는 도가와 도교의 차이를 중점적으로 밝히는데 치중했다. 그들은 사람들이 도가와 도교를 혼동하는 것을 바꾸어, 도교에서 도가를 잘못 이용한 것과 도교에서 도가 본래의 모습을 다르게 변형하여 사용하고 있는 것들을 밝혔다. 물론 이것도 당연히 필요한 작업이다. 그러나 도가와 도교의 상호관계는 이처럼 간단하지 않고 복잡하게 섞여 있기 때문에 아직도 부정확한 측면이 존재한다.

변증법은 부정의 부정과 같은 법칙을 발견했다. 사람들의 인식에서도 종종 이와 같은 변증법적 발전과정을 경험한다. 예를 들어 고대인들이 도가와 도교를 혼동한 것은 인식사의 관점에서 보면 그 첫 번째 성과이다. 이것은 그 둘 사이의 관계에서 긍정을 나타낸다. 그러면 현대 학자들이 엄격하게 구별 짓는 도가와 도교는 바로 긍정 뒤의 일차 부정이다. 이것은 인식사의 관점에서 두 번째 성과이다. 이제 이것은 다시 앞으로 한 걸음 내딛는 더 높은 수준의 일차 부정의 부정을 필요로 한다. 구체적으로 말하여 도가와 도교의 같은 점과 다른 점에 대해 더욱 전면적이고 더욱 실제적인 설명이 필요하다는 것이다. 그것을 아래의 글에서 살펴보고자 한다.

2. 도가와 도교의 다른 점

첫째, 도가와 도교는 각자의 근본적인 취지가 서로 다르다. 도가의 종지는 정신을 모아 생명의 깊이를 단련하여 정신적 경지의 수준을 높이는 것으로서, 그 최종목적은 정신이 현실을 초월하여 심오한 미美를 즐기며 이성적인 만족과 심리적인 안정을 획득하는 것이다. 더불어 사람들이 육신의 '소아小我'를 벗어버리고 우주와 더불어 커다란 도에서 하나가 되는 '대아大我'를 실현하여, 마침내 마음과 영혼의 자유를 중요하게 여기는 데 그 가치가 있다. 반면 도교의 연양煉養과 형신形神, 내단內丹과 외단外丹 및 그 외 각종 도술은 최종적인 목표가 모두 개체생명들을 영원히 존재하게 하는 것에 있다. 도교는 사람들로 하여금 짧으면서도 잠시 동안의 삶인 '속아俗我'에서 벗어나, 길면서도 오랫동안 살 수 있는 '선아仙我'를 실현하도록 하여, 개체생명이 오랫동안 살 수 있는 것에 그 가치를 둔다.

도가와 도교의 종지가 다른 것은 각자의 생사관生死觀에서 잘 드러난다. 노자가 비록 육체를 소중히 여기고 장생長生하는 것을 강조하였지만, 그가 말한 '장생長生'의 본의는 오래 사는 것이지 영원히 사는 것은 아니었다. "죽어도 없어지지 않는 것은 장수한다"41)의 '불망不亡'이 가리키는 것은, 사람들로 하여금 잊어버리게 함이 아니라 죽음이 있다는 것을 인정하고 아울러 재난과 화를 피하기 위한 것이자 '무신無身'을 말한 것이다. 『장자』에서는 생生과 사死를 기氣의 이합집산離合集散으로 보았는데, 이는 바로 자연의 도이다. 생은 즐거움이 부족하고, 죽음은 슬픔이 부족하여 그것을 따를 뿐이라고 보았다. 나아가 "삶을 군살이 달라붙고 혹이 매달린 것처럼 여기고, 죽음을 악창이 터지거나 곪은 것이 터진 것"42)으로 여겼다. 여기서 우리는 삶을 혐오하는 정서가 노출된 것을 감지할 수 있다. 도가는 생사에 대해 냉담했다. 그러나 도교는 이와 달랐다. 장생불사와 도를 얻어 선인仙人이 되는 것을 최고의 핵심적인 신앙으로 여겨 부지런히 쉬지 않고 그들의 목표를 추구하고, 연양을 통해 사람은 살아있을 때 환골탈태할 수 있다고 생각했다. 또한 생리

41) 『노자』33장. "死而不亡者壽"

42) 『장자』대종사大宗師. "以生爲附贅懸疣, 以死爲決㾓潰癰"

적으로도 일상적인 것을 벗어나 선善의 경지에 이를 수 있고, 영원히 신선처럼 오래 사는 것을 향유할 수 있다고 믿었다. 갈홍葛洪은 도교의 입장에서 장자를 비판했다. "살아 있는 것을 복역하는 것으로 보고 죽은 것을 휴식하는 것으로 보는 것은, 이미 신선술을 포기한 것으로 많은 차이가 있다".[43] 이로부터 우리는 도가와 도교의 차이가 매우 큼을 알 수 있다.

우리들은 도가의 생사관을 '자연에 따르는 것順乎自然'으로 보아 생사를 운명에 맡긴다고 말할 수 있으며, 도교의 생사관을 '자연에 반하는 것反乎自然'으로 보아 도가와 다른, 자기 스스로의 주장을 가지고 있다고 말할 수 있다. 도교에는 아래와 같은 명언이 있다. "나의 명은 나에게 있지, 하늘에 있는 것이 아니다".[44] 이것은 생生과 사死에 따로 운명이 있다고 믿지 않으며, 인과因果로 앞날이 정해진다고 믿지 않는 것이다. 그래서 도교에서는 삶이 있으면 반드시 죽음이 있다는 원칙에 강력히 반대하여, 후천적으로 정성을 다하는 노력에 의해서 생과 사의 커다란 한계를 돌파할 수 있다고 여겼고, 이것이 도

---

43) 『포박자抱朴子』 석체釋滯. "以存活爲徭役 以殂歿爲休息 其去神仙 已千億里矣"

44) 『양성연명록養性延命錄』 선경仙經. "我命在我 不在於天"

교만이 가지고 있는 독특한 정신이 되었다. 이와 같은 것은 도가와 유가에서도 찾아볼 수 없고 기타 다른 종교에서도 찾아 볼 수 없다. 장생長生과 성선成仙은 선진도가의 저작 속에서 부차적인 요소였지만, 사회에서 유행하던 신선방술에서는 중요한 성분이었다. 도가가 도교로 전화되는 과정 속에서 장생과 성선 사상은 도교의 핵심 요소가 되었고, 이것은 질적인 변화를 일으키는 관건이 되었다.

둘째, 도가와 도교는 귀신에 대한 태도가 다르다. 도가는 소리 높여 천도와 무위자연을 말하면서 인간을 주재하는 신령한 존재를 부인했다. 어떤 의미에서 노장학의 탄생은 전통 종교신앙의 굴레를 탈피한 것에 그 의의와 가치가 있다. 도가의 발전 역시 기본적으로는 무신론의 전통을 유지하면서 이루어졌다. 도교는 도가의 이와 같은 경향을 자기의 독특한 방식으로 변형시켜, 종교를 이루면서 신령과 선인을 숭배했다. 도교에는 삼청존신三淸尊神(원시천존元始天尊, 영보천존靈寶天尊, 도덕천존道德天尊)과 사어四御, 삼관三官 및 백신百神이 있다. 신선은 사람이 수도하여 되는 것으로 천선天仙, 지선地仙, 산선散仙 및 구품九品 등이 있다. 진인眞人 역시 신선으로 선진仙眞이라 통칭한다. 신선은 높은 곳에 머물러 신통광대하고 소요

자재하며 영원히 크고 부유하며 귀하다. 신선세계는 현실세계 사람들의 고통과 비교되어 선명한 대조를 이루면서, 그 미묘한 가치를 드러낸다. 도교는 세계를 이중화하고 신선을 숭배하여 진정한 종교성을 구비하면서 종교적인 체계를 이루었다. 반면에 도가는 비종교적인 학술 파벌일 뿐이다. 노자와 장자를 고대의 철인으로 여기면 이들은 도가로 취급되고, 신선과 진인眞人으로 여기면 도교로 취급된다.

『노자』, 『장자』, 『열자』, 『회남자』 등의 책을 고대 철학저작으로 다루면서 연구하고 계승, 발전시키면 이것들은 도가의 서적이 된다. 그러나 깨우침을 주는 책으로 다루면서 깨달음과 신앙의 대상으로 삼게 되면, 도교의 서적이 된다. 그 둘 사이의 구별은 그리 어렵지 않다.

셋째, 도가와 도교는 그 존재 방식이 서로 다르다. 도가는 학술문화의 하나로 사상 의식의 영역에서 존재하며, 그 지혜와 미학美學의 역량은 사람의 마음을 움직이고 사회에 영향을 미친다. 도가는 사상 전파의 수단을 갖고 있으면서, 도가 인물들 간의 교류에 있어서는 단지 사상과 관점들에 의해 합치되고 연결될 뿐이지, 고정적이거나 특별한 조직 체계를 가지고 있지 않다. 나아가 도가는 신과의 교제를 강조하거나, 혹은 그것을 수반하는 조직과 무리를 만드는 것을 찬성하지도 않았을 뿐만 아니라, 그러한 것들 자체를 마치 (물고기가) 포말로 서로를 적셔 주며 힘들게 있는 것으로 보아, 넓은 강물 속에서 서로를 잊는 것보다 못하다고 보았다. 반면에 도교는 사상과 신앙에만 그치지 않고, 그에 상응하는 종교조직과 활동이 있으며, 나아가 신도들과 궁관宮官, 과의科儀, 제도制度 등을 갖추고 있다. 또한 채약采藥, 연단煉丹, 점복占卜, 부록符籙, 재초齋醮 등의 활동이 있다. 그렇기 때문에 도교는 하나의 의식형태에 그치지 않고, 현실적으로 가시적이고 물질적인 것을 형성하는 일종의 사회종합체계이다. 도교의 도술道術과 제사들에 관련된 글들을 『노자』와 『장자』에서 찾는 것은 어려우며, 후대 도가 역시도 이러한 것들에 가치를 두지 않았다. 도교 초기의 부록파符籙派와 금金나라와 원元나라 이후에 형성된 남방南方 정일도正一道는 재초齋醮와 신술神術을 위주로 하여 민간종교의 색채를 매우 많이 구비했고, 그들의 신령들과 그 활동 내용들은 민간신앙과 함께 복잡하게 섞여, 도가의 근본정신에서 점점 멀어졌다.

3. 도가와 도교의 관계

첫째, 도가는 도교의 중요한 사상적 근거이다. 도교에서 받드는 '도道'는 노학老學에서 말하는 우주본원의 도에서 취한 것이다. 도교는 노자를 교주教主와 존신尊神으로 삼았고, 『노자』를 도경 가운데 첫 번째로 삼아 그 속에서 연단과 양생 이론을 펼쳐 나갔다. 도교는 장자를 신격화했고, 『장자』 및 『열자』, 『문자』, 『음부경』 등의 도가저작을 풀이하여 도교경전으로 삼았다. 그리고 도가사상을 개조한 기초 위에서 많은 양의 도서道書를 만들었고, 이것을 토대로 도교의 체계적인 이론 기초를 만들었다. 나아가 도교는 한漢나라의 도가와 황로숭배의 전통을 황로도黃老道 속에서 계승하고 발전시켰다. 도교는 민간무술民間巫術, 신선방술, 그리고 도가의 학설 등이 서로 결합된 산물이다. 민간무술은 도교에게 도술을 제공하였고, 신선방술은 도교에게 도지道旨를 제공했으며, 도가는 도교에게 도론道論을 제공했다. 만약 도교가 도가에 의탁하지 않았다면, 도교는 신선주술과 신선방술의 세속미신 수준에 머물러 유교와 불교와 병립하는 대형 종교로서의 도약이 불가능했을 것이다. 그러므로 도가 없는 도교는 존재할 수 없다.

둘째, 도교는 도가의 중요한 한 갈래이다. 도교는 형식상, 명의상 도가에서 많은 것을 빌려왔을 뿐만 아니라, 내용적으로나 정신적으로도 많은 것을 계승했다. 그러므로 도가에서 도교로 변해 가는 그 내재적인 흔적을 찾아볼 수 있다. 도가는 세속의 일에 대하여 방관적 자세로 바라보면서 욕심을 부리지 않고 마음을 깨끗이 하여 사물의 외형을 뛰어넘었다. 노자는 세상과 다투지 않는 상태로, 마음을 비우고 바라보며, 장자는 세속을 쭉정이나 겨와 같이 쓸모없는 것이라 여기고, 인생을 질곡으로 여겨 무하유지향無何有之鄕을 향해 나아가려 했다. 이런 것들은 세상을 등지려는 경향이 강하면서, 차츰 출세지향적인 종교로 발전된다. 도가의 작품 속에도 신선사상이나 장수를 갈망하거나 소요逍遙를 꿈꾸는 것 등이 있다. 예를 들어 『노자』에서는 "계곡 신은 죽지 않는다"[45]면서 "오래 살고 오래 보는 도"[46]를 말했고, 『장자』에서는 신

---

45) "谷神不死"

46) "長生久視之道"

인神人은 "오곡을 먹지 않고, 바람을 들이키고 이슬을 마시며, 운기를 타고 비룡을 타며 사해의 밖에서 노닌다"[47] 고 했으며, 지인至人은 "커다란 연못이 불타도 뜨겁지 않고 황하나 한수가 얼어붙어도 춥지 않으며 빠른 번개가 산을 부수고 바람이 바다를 뒤집어도 놀래지 않는다"[48] 고 했다. 그리고 『회남자』에서는 "기를 먹는 자는 신명하여 장수할 수 있으나, 곡식을 먹는 자는 지혜롭지만 요절하고, 먹지 않는 자는 죽지 않고 신이 된다"[49]고 했다. 그러나 신선에 대한 환상은 도가에서 중요한 것이 아니다. 이것은 단지 정신적인 초월을 추구하는 일종의 문학적 묘사로서 부차적인 설명에 불과하다. 하지만 이것들은 도교의 신선 세계와 신선 인물들을 만드는 것에 사상적 토대를 제공했다. 물론 우리는 도교가 도가사상 중의 어떤 특정 성분과 특정 요소들을 단편적으로 지나치게 확대시켜 놓았다고 말할 수도 있다. 그러나 도교에서 도가의 근본이 되는 것들이 전혀 없다고 말할 수 없다.

하나의 학설이 변화되는 과정에서 여러 가지 지파가

---

47) "不食五穀, 吸風飮露, 乘雲氣, 御飛龍, 而游乎四海之外"

48) "大澤焚而不能熱 河漢沍而不能寒, 疾雷破山, 風振海, 而不能惊"

49) "食氣者神明而壽, 食穀者智慧而夭, 不食者不死而神"

나오는 것은 당연한 일이다. 예를 들면 선진시기 귀신을 멀리한 유학은 한대 동중서董仲舒 신학의 탄생을 가져왔다. 동중서의 학문은 선진 유가가 인도人道를 중시하고 신도神道를 경시했던 경향에서 벗어나 음양오행을 이용하여 유학을 개조한 변화된 모습을 띠고 있다. 그러나 변화된 모습을 띠었다하여 그것이 유학의 한 지류가 아니라고 말할 수는 없다. 도가가 도교로 전환된 것 역시 이와 같은 이치로 볼 수 있다.

셋째, 도가와 도교는 이론적인 측면에서 일맥상통하는 요소가 있다. 도교의 발전은 포물선 모양의 궤적을 그린다. 초기 도교는 도가에서 멀리 떨어져 있었으나 후기에는 그렇지 않았다. 특별히 북방의 전진도는 교리와 종교이론이 점차 고급화되고 성숙되면서 점차적으로 노장학에 기대는 것이 많아졌다. 그래서 신학적 요소는 줄어들었고 철학적 성분은 많아지게 되어 초기의 도교보다도 더 많은 도가의 학술적인 면모를 구비하게 되어 도가와 많은 면에서 비슷하게 되었다.

도가와 도교가 이론적으로 상통하는 것은 바로 우주론과 양생론이다. 도교에서 말하는 '대도大道'에는 최고의 신을 뜻하는 의미가 있으나 이것은 문화 수준이 비교적 낮은 신도들의 견해 속에서나 볼 수 있고, 비교적 높은 수준의 도교 철학가는 도를 우주본원 혹은 본체로 이해한다. 실제로 이것은 우주생명의 바탕을 가리키면서, 무한하고 형체가 없는 것으로 끊임없이 낳고 또 낳는生生不息 내재적인 활력을 구비한 채 모든 생명을 받아들인다.

이러한 도교의 도론道論과 도가의 도론은 서로 결합되어 있다. 득도한 자는 장생에 대한 충분한 이론적 근거 위에 연단과 양생의 방법을 거치면서 대도와 서로 합하여져 우주의 영원하고 항상된 생명력을 얻을 수 있고, 마침내 생명의 바탕이 흥성하고 쇠하지 않게 되어 그 생명이 영원히 존재할 수 있게 된다. 즉 "생과 도가 하나가 되면 오래 살고 죽지 않는다"[50]는 것이다. 도교에서는 수도자가 득도하고 난 이후에도 생리적 의미의 자아를 잃어버리지 않은 상태에서 영생의 기쁨을 맛볼 수 있다고 한다. 그러나 도가에서 생각하기에 득도한 사람은 '상아喪我', '무신無身'의 상태가 되어, 자기를 대도大道 속에 집어넣고 다시는 느끼는 것이 없는 상태가 된다고 보았다. 그러면 고통과 쾌락에서 자유로워지게 되는데, 도가에서는 이것을 더욱 철저한 해탈로서, 지극한 즐거움으로 보았다. 도가와 도교는 도를 이해하는 데 있어서 서로 통하나, 도의 운용에 있어서는 서로 다르다. 즉 도의

---

50) 『내관경內觀經』. "生道合一 則長生不死"

체體는 서로 같지만, 도의 쓰임은 서로 다르다.

『노자』에서 말하는 도, 『회남자』에서 말하는 도, 『포박자』에서 말하는 도(혹은 현玄이라고 칭한다)와 『금옥경金玉經』에서 말하는 도, 『청정경淸靜經』에서 말하는 도는 서로 별다른 차이 없이, 형체를 초월하여 존재하지 않는 바가 없는 심오하고 알기 어려운 만물의 근본으로 묘사되었다. 이것은 도를 단순히 인생목표에 적용시켰을 때, 서로 다른 입장들이 나타나게 된 것뿐이다.

도가는 생生을 중시하고 상대적으로 물物을 가볍게 여긴다. 그들의 양생론養生論은 정신을 수련하고 몸을 잘 다스리는 것을 의미하나, 주로 정신을 잘 수련하는 것을 위주로 한다. 도교는 장생을 바라므로 양생을 중시하고, 그 연양煉養학설은 도가의 양생론을 강조하면서 정신수련보다 몸을 잘 다스리는 것을 강조하는 쪽으로 치우쳤다. 노자와 장자는 고대의 위대한 철학자일 뿐만 아니라 동시에 조예 깊은 양생 전문가이다. 이들은 철학적 이치와 도덕을 연양煉養에 잘 결합시켰을 뿐만 아니라, 기공양생 측면에서의 체험을 함축적인 언어로 잘 표현하여 설명했다.

『노자』에서는 "곡신은 죽지 않으니 이를 일러 현빈이라고 한다. 현빈의 문은 천지의 뿌리이다. 면면히 존재하는 듯하고 이것을 써도 다함이 없다"[51]고 말했다. 이것은 우주생명의 원동력에 대하여 설명한 것이다. 인간 생명의 활력은 바로 여기에서 기원한다. "영백을 타고, 하나를 안고 능히 이것에 떠나지 않을 수 있겠는가? 기를 오로지 하고서 부드러움에 이르러 능히 갓난아기처럼 될 수 있겠는가? 씻고 제거하여 도로써 보되 능히 아무 흠이 없을 수 있겠는가?"[52] 이것은 연양煉養을 말한 것으로 정신과 형체간의 긴밀한 결합을 바라는 것이며, 정기를 쌓아 마치 어린아이처럼 순수하고 평화로운 경지에 도달하고, 잡념을 씻어버려 안을 살피고 자신을 되돌아보는 것을 요구하는 것이다. 즉 "비어 있음의 극치에 이르며 고요함을 독실하게 지킨다"[53]는 것이다. 심경心境은 지극히 허정虛靜하고 청명淸明할 것을 요구하니, 일체의 내적인 양생은 모두 이것을 기본적으로 힘써야 한다. 그 외에 "골격은 약하고 피부는 부드러우나 두 주먹을 꼭 쥐고 있다",[54] "그 날카로움을 꺾고, 뒤엉킴을 풀며, 빛을 부드럽게 하고 티끌과 함께 하니 이를 일러

---

51) 『노자』6장. "谷神不死 是謂玄牝 玄牝之門 是謂天地根 綿綿若存 用之不勤"

52) 『노자』10장. "載營魄抱一 能無離乎 專氣致柔 能如嬰兒乎 滌除玄覽 能無疵乎"

53) 『노자』16장. "致虛極 守靜篤"

54) "骨弱筋柔而握固"

현동이라 한다”,[55] “사람을 다스리고 하늘을 섬기는 데에 아끼는 것보다 좋은 것은 없다”,[56] “뿌리를 깊게 하고 근본을 견고하게 하니, 오래 살고 오래 보는 도이다”[57] 등이 있는데, 우리는 이상의 것 모두를 기공양생氣功養生의 관점에서 이해할 수 있다. 『장자』에서는 “옛날의 지인은 잠을 자도 꿈을 꾸지 않으며, 깨어 있어도 근심하는 바가 없고, 먹음에 맛난 것을 찾지 않으며, 그 호흡은 깊고 깊었다. 진인의 호흡은 발뒤꿈치로 쉬고 일반 사람들은 목구멍으로 숨을 쉰다”[58]고 하였는데, 이것은 호흡을 조절하고 기를 운행하는 상태를 기술한 것이다. “지극한 도의 정精은 깊고 어두우며 지극한 도의 극極은 어둡고 잠잠하다. 보는 것도 없고 듣는 것도 없으며, 신을 껴안아 고요하며 형체는 스스로를 바르게 한다. 반드시 고요하고 맑으면 너의 형체는 수고스러움이 없고 너의 정기는 동요됨이 없으니 이에 바로 장생할 수 있다”,[59]

---

55) “挫其銳 解其分 和其光 同其塵 是謂玄同”

56) “治人事天莫若嗇”

57) “深根固柢 長生久視之道”

58) 『장자』대종사. “古之眞人 其寢不夢 其覺無憂 其食不甘 其息深深 眞人之息以踵 衆人之息以喉”.

59) “至道之精 窈窈冥冥 至道之極 昏昏默默 無視無聽 抱神以靜 形將自正 必靜必淸 無勞女形 無搖女精 乃可以長生”

"나는 그 일을 지킴으로 그 조화됨에 처한다",[60] 여기서는 청정하게 입을 다물면서 잠잠해지는 것과, 정기를 견고히 하면서 일一을 지키는 정신을 기르는 것과, 그 형체를 단련하는 방법을 제시했다.

노장이 제시한 도道, 정精, 기氣, 신神 등의 개념과 청정무위淸靜無爲, 현동玄同, 좌망坐忘, 심재心齋, 수일守一 등의 연양煉養 방법은 모두 고대 기공연양술의 총결이자, 후세의 도교 내단학에서 받들어 발전시킨 것으로서, 중국기공의 이론적 기초가 되었다. 물론 도교는 양생에 만족하지 못했다.

도교는 정精과 기氣의 기초를 쌓은 기초적인 수련 위에, 여러 가지 신비적인 것을 연마하는 고도의 종교적인 노력을 더하여 순양純陽의 몸을 수련함으로써 마침내 세속을 벗어나 영원히 존재할 수 있다고 여겼다. 그러나 도교는 어느 계파를 막론하고 내적 수련修練을 비움과 고요함의 정신적 수련 위에 기초했다. 그리고 그들은 몸과 정신 모두가 강건한 생명을 유지하기 위해 필요한 것으로 여겼다. 이러한 측면에서 도교는 노장학을 왜곡시키지 않고 충실하게 계승 발전시켰다고 볼 수 있다.

넷째, 도가사상은 도교의 도움을 받으면서 지속적으

---

60) 『장자』 재유在宥. "我守其一以處其和"

로 심화되어 나갔다. 위진현학魏晋玄學 이후 도가는 독립적인 학파를 만들어 그 계통을 잇지 못했지만, 그 저작은 훈고와 고고학에 의탁하면서 전해졌고, 그 이론은 불학이나 유학에 융합되면서 전해졌다. 다른 측면으로는 정치학으로 변화 발전되거나 군사변증법으로 변화되어 전해지기도 했다. 도가의 정신은 사람들의 마음속에 깊이 영향을 미치거나, 예술에 잠입하여 그 명맥을 유지했지, 예전과 같이 도가 자신들의 대사상가나 대철학가를 매개로 하여 그들의 명맥을 이어 나가지 못했다.

유일하게 도가를 이론적으로 계승하고 발전시킨 것은 도교 내부의 청정수련에 힘썼던 배움이 깊은 도사들이었다. 당나라 도사 성현영成玄英이 주소注疏한 『노자』와 『장자』는 모두가 뛰어난 작품으로서 후세 학자들이 중시했다. 그가 제시한 '중현지도重玄之道'는 실질적으로 도가철학을 창조적으로 발전시킨 것이다. 사마승정司馬承楨이 지은 『좌망론坐忘論』은 노장사상을 주체로 삼으면서 불가사상을 흡수한 것으로 도가의 수양방법을 진일보 발전시킴과 동시에 도교를 청정수도의 길로 이끌었다. 송나라 초기의 도사 진단陳摶은 신선황백神仙黃白의 술법을 가볍게 여기고 내수內修의 도에 치중했다.

『무극도無極圖』는 그림으로 『역易』의 이치와 노자의 학설을 해설하여 하늘과 사람이 서로 통하는 이치를 깊고 상세히 밝혔으며, 나아가 내단도內丹道의 발전을 촉진시킴과 아울러 북송 이학을 형성하는 데 많은 영향을 미쳤다.

장백단張伯端이 지은 『오진편悟眞篇』은 『노자』와 『음부경陰符經』을 그 중심 경전으로 삼아 불佛·노老·유儒 셋의 학문을 융합시킨 것으로 후기 내단학內丹學의 대표 작품 가운데 하나가 되었다. 금과 원시기에 탄생한 북방北方 전진도全眞道의 여러 인물 가운데 대표적인 왕중양王重陽, 구처기邱處機는 모두 유가, 불가, 도가(도가와 도교)를 하나로 모으는데 그 힘을 모았다. 그리하여 성명쌍수性命雙修를 요체로 삼아 마음을 맑게 하고 욕심을 줄이는 것을 수도의 근본으로 여겨 도교를 종교적인 영역에서, 세속에서의 수신과 양생의 학으로 이끌었다.

이것은 궁극적으로 더욱 높은 수준의 도가를 만들었으면서도 도교 본래의 특색을 잃지 않았음을 보여주는 것이다. 실제로 적지 않은 도사들이 도교와 도가가 지향하는 목표를 모두 추구하여, 신선이 되고 일상을 초탈하는 것을 하나의 사실로 여겨 그 원하는 바를 채우려 했다. 결국 도교의 사상 문화 속에는 시종일관 도가가 포함되어 있었고, 그것들은 궁극적으로 도가의 발전을 지속시켰다.

결론적으로 도교는 도가의 특수한 계파 가운데 하나다. 그러면서도 도교는 도가를 계승하고 발전시킨 요소와 자신의 뚜렷한 방향과 서로를 구별하는 차이점을 지녔다. 도교 내부에서도 그 위치에 따라 도가와 가깝거나 멀거나, 혹은 친하거나 친하지 않는 등 도가에 대한 관계가 획일적이지만은 않았다.

청정하게 성性을 수련하는 자는 도가를 가까이하고, 정精을 쌓고 기氣를 수련하는 자는 그 다음으로 도가를 가까이 하며, 연단煉丹과 복식服食을 일삼는 자는 그 다음이며, 부록符籙과 과교科敎를 중시하는 자는 도가를 가장 멀리 했다. 즉 내단파內丹派와 도가는 가깝지만, 외단파外丹派와 부주파符咒派는 그 관계가 가장 멀었다.

도가학자들 가운데 도교를 믿지 않는 자들이 있을 수는 있으나, 도교학자가 도가에 의존하지 않을 수는 없었다. 학파, 집단, 단체를 막론한 모두는 도교 내에서 도가 경전을 배우고 익혀, 스스로 도가의 기치 아래 머물렀다.

이러한 것들은 바로 역사적으로 도가와 도교를 멀거나 혹은 가깝게 만들었고, 같은 점과 다른 점이 서로 공존하게 하면서, 서로의 발전을 담보로 한 복잡한 형태를 만들었다.

찾아보기

【ㅇ】

【ㅈ】

■ 편저자약력

金德三
中國社會科學院 哲學博士
현, 대진대학교 교양과 교수

〈논문〉
「文化接變으로 바라본 少數民族 교육」
「문헌의 발견과 도가」
「莊子思想與當代教育」
「'相生'與老子思想」 등

〈저서 및 역서〉
『현대중국의 전통문화와 문화접변』
『中國 道家史 序說 Ⅰ』
『當代中國教育史論』
『도교문화개설』
『중국의 전통 가정교육』
『주체적 중국문화학』
『현인들이 말하는 효』

도교 I

도교의 기원–道·道家·道教

초판발행 2006년 12월 22일
초판 4쇄 2019년 7월 9일

편저자 김 덕 삼
펴낸이 권 호 순
편 집 김 한 나
펴낸곳 시간의물레

등록 · 2004년 6월 5일
등록번호 · 제1-3148호
주소 · 서울특별시 마포구 마포대로 4다길 3, 1층
전화 · (02)3273-3867
팩스 · (02)3273-3868
전자우편 · timeofr@naver.com

정가 · 10,000원
ISBN 89-91425-35-6 04150